EDIÇÕES BESTBOLSO

De perto ninguém é normal

Mirian Goldenberg nasceu em Santos, São Paulo. Desde 1978 mora no Rio de Janeiro. É antropóloga e professora do Departamento de Antropologia Cultural e do Programa de Pós-graduação em Sociologia e Antropologia do Instituto de Filosofia e Ciências Sociais da Universidade Federal do Rio de Janeiro. Escreveu *Por que homens e mulheres traem?*, *A Outra*, *Toda mulher é meio Leila Diniz*, *A arte de pesquisar*, *Os novos desejos*, *Nu & vestido*, *Infiel: notas de uma antropóloga*, *O corpo como capital*, *Coroas: corpo, envelhecimento, casamento e infidelidade*, *Noites de insônia* e *Intimidade*. A autora tem orientado dezenas de pesquisas nas áreas de gênero, corpo, envelhecimento, sexualidade e novas conjugalidades na cultura brasileira.

Mirian Goldenberg

De perto ninguém é normal

Apresentação de
YVONNE MAGGIE

EDIÇÕES
BestBolso

RIO DE JANEIRO – 2011

CIP-BRASIL. CATALOGAÇÃO-NA-FONTE
SINDICATO NACIONAL DOS EDITORES DE LIVROS, RJ

Goldenberg, Mirian
G566p De perto ninguém é normal / Mirian Goldenberg; apresentação de Yvonne Maggie. – Rio de Janeiro: BestBolso, 2011.
12x18 cm

ISBN 978-85-7799-326-0

1. Imagem corporal – Aspectos sociais – Brasil. 2. Corpo humano – Aspectos sociais – Brasil. 3. Mulheres – Psicologia. 4. Homens - Psicologia. 5. Papel sexual I. Título.

CDD: 306.40981
11-3020 CDU: 316.77(81)

De perto ninguém é normal, de autoria de Mirian Goldenberg.
Título número 257 das Edições BestBolso.
Primeira edição impressa em junho de 2011.
Texto revisado conforme o Acordo Ortográfico da Língua Portuguesa.

www.edicoesbestbolso.com.br
Site oficial da autora: www.miriangoldenberg.com.br

Design de capa: Carolina Vaz.

Impresso no Brasil

ISBN 978-85-7799-326-0

Sumário

Apresentação

Em 1990, Mirian Goldenberg escreveu *A Outra*, um livro sobre a infidelidade. A seguir, ela escreveu sobre o oposto dessas "Outras", Leila Diniz, cuja vida é a referência das grandes transformações ocorridas no universo feminino brasileiro dos anos 1970.

Em *De perto ninguém é normal* o leitor será levado por uma escrita direta e muito delicada aos temas do amor, desejo, casamento, conjugalidade, família, infidelidade, noções de corpo e ainda militância política, morte e heroísmo para desvendar as tramas do desvio e da "normalidade" na nossa sociedade.

O livro reúne os resultados de pesquisas realizadas no Rio de Janeiro ao longo desses últimos vinte anos, nos quais a autora esteve ligada ao Departamento de Antropologia Cultural e ao Programa de Pós-graduação em Sociologia e Antropologia do IFCS/UFRJ.

Nos primeiros capítulos, Mirian discorre sobre a pesquisa que vem fazendo com mulheres e homens das camadas médias urbanas e cariocas. Somos ainda apresentados à análise da novela *Laços de família* e das representações em torno das noções de família e papéis de gênero no Brasil contemporâneo.

Surpreendentemente, depois de falar sobre mulheres comuns e militantes, homens e mulheres e seus desejos e relações de amor, sexo e casamento, termina o trabalho com belíssima discussão sobre Carlos Marighella, cuja vida de militante foi exatamente marcada por uma posição espartana, ao contrário de outro militante de renome, Lamarca. Morte e noções de heroísmo são temas centrais desse capítulo final que, por oposição aos outros que falam da vida, realça as subjetividades de uma sociedade que se quer moderna, mas vive ainda subjugada a valores tradicionais.

Esta é, a meu ver, a principal "descoberta" dos vinte anos de pesquisa da antropóloga que tem se dedicado a entender a sociedade brasileira pela janela da vida cotidiana e da subjetividade.

Os temas tratados aqui nem sempre são considerados nobres, mas são herdeiros de uma tradição iniciada por Gilberto Freyre, Sérgio Buarque e Thales de Azevedo, com o seu clássico *As regras do namoro à antiga*, e que teve continuidade com Roberto DaMatta e Gilberto Velho.

A leitura encanta também porque demonstra que dar aulas de montão tanto na graduação quanto na pós, como faz a autora, ao contrário do que se diz, abre caminho para uma rica produção científica realizada junto aos muitos estudantes que, por demandarem, nos inspiram.

Yvonne Maggie

Introdução

> Respeito muito minhas lágrimas
> Mas ainda mais minha risada...
> Mas eu também sei ser careta
> De perto ninguém é normal
> Às vezes segue em linha reta
> A vida, que é meu bem, meu mal
>
> CAETANO VELOSO (*Vaca profana*)

Este livro é o retrato dos meus principais interesses de pesquisa nos últimos anos em um campo de estudo que denominei "gênero e desvio" na cultura brasileira. Dentro deste campo, tenho buscado compreender as representações sociais e as trajetórias de homens e mulheres considerados desviantes, como a de Leila Diniz, lembrada até os dias de hoje como aquela que rompeu com os comportamentos femininos de sua época – principalmente no que diz respeito à sexualidade, conjugalidade e maternidade – e se tornou exemplo para os indivíduos da sua geração e, também, da seguinte.

No entanto, acredito, como Howard Becker (1977), que "não há razão para supor que somente aqueles que acabam por cometer um ato desviante realmente tenham impulso para fazê-lo. É muito mais provável que a maioria das pessoas frequentemente experimente impulsos desviantes. Pelo menos em fantasia, as pessoas são muito mais desviantes do que parecem. Em vez de perguntar por que os desviantes querem fazer coisas que não são aprovadas, poderíamos perguntar melhor por que as pessoas convencionais não levam até o fim os impulsos desviantes que têm". Como diria o poeta Caetano Veloso, "de perto ninguém é normal".

Todos os estudos aqui reunidos permitem refletir sobre a oposição entre o que é percebido como "normal" e o que é "desviante" em nossa sociedade, em relação aos papéis de gênero e a determinado modelo de corpo, em termos da iniciação e comportamento sexual dos jovens, e também quanto a modelos de conjugalidade, família e fidelidade.

Por meio destes estudos mostro que é possível pensar sobre a nossa sociedade a partir de diferentes objetos, autores e, principalmente, métodos de pesquisa. Utilizo milhares de questionários aplicados em indivíduos das camadas médias urbanas cariocas para discutir determinados modelos de corpo e novas formas de conjugalidade, observo a telenovela e matérias da mídia impressa para compreender as representações de família existentes, analiso trajetórias de militantes políticos e líderes guerrilheiros para comparar os papéis considerados masculinos e femininos em nossa cultura.

Em "A conversão do pesquisador" discuto alguns dilemas e "impulsos desviantes" aos quais estamos sujeitos quando realizamos uma pesquisa antropológica. Em "O corpo cativo: sedução e escravidão feminina" proponho algumas reflexões sobre o atual culto à aparência e a uma determinada forma física, que conquista cada vez mais adeptos em certos segmentos da nossa sociedade. Procurei pensar a constante exposição dos corpos na publicidade, na mídia e nas interações cotidianas, associada à instauração de uma nova moralidade que, por trás da aparente liberação física e sexual, prega a conformidade a um determinado padrão estético. As representações sobre o que é norma e o que é desvio em termos de gênero, a valorização da sexualidade e os usos do corpo em jovens das camadas médias cariocas podem ser verificados em "A dominação masculina na juventude". Em seguida, em "Compromissos não obrigatórios nas camadas médias urbanas", por meio de uma pesquisa com homens e mulheres da cidade do Rio de Janeiro, analiso, sob a mesma perspectiva, as mudanças e permanências nas atuais relações afetivo-sexuais. Em "*Laços de família*: novas conjugalidades na novela das oito", tomo a telenovela como objeto de análise para pensar as novas e velhas conjugalidades presentes na sociedade brasileira, particularmente em alguns segmentos das camadas médias do Rio de Janeiro nela representados. Em "Mulheres e militantes", analiso a militância feminina nos partidos políticos brasileiros, por meio de biografias e de depoimentos daquelas que fugiram ao comportamento considerado normal em sua geração e atuaram politicamente entre as décadas de 1940 e 1970. Por último, em "Bandido ou herói?", comparo as versões sobre a vida e a morte de Carlos Marighella, buscando interpretar as diferentes, e muitas vezes contraditórias, representações existentes sobre sua imagem pública.

Muito do que escrevi, ensinei e aprendi nos últimos anos não teria sido possível sem a permanente (e exigente) demanda de meus alunos da graduação e da pós-graduação. Tenho a sorte de conviver com jovens inteligentes, criativos e corajosos, que têm produzido estudos extremamente originais sobre grupos considerados desviantes em nossa cultura. São mais de vinte anos de trabalho que demonstram que, apesar de inúmeras dificuldades, o ensino e a pesquisa valem a pena, em grande parte porque existem os alunos e, com eles e por eles, é preciso estar sempre se renovando, se superando, inventando novas maneiras de ensinar e de aprender. Para responder às perguntas dos mais curiosos, para motivar os mais ariscos, para controlar os mais falantes, para fazer falar os mais tímidos, para manter na universidade os mais desmotivados e para seduzir os que não descobriram o prazer da "arte de pesquisar".

1
A conversão do pesquisador

Quero introduzir este livro com as três questões sugeridas por Malinowski para o trabalho de campo:

O que os nativos dizem sobre o que fazem?

O que realmente fazem?

O que pensam a respeito do que fazem?

Por meio do contato íntimo com a vida nativa, exaustivamente registrado em seu diário de campo (tornado público pela viúva após sua morte), Malinowski (1997) procurou as respostas para essas questões buscando compreender o ponto de vista nativo.

Tornar-se nativo, ser nativo, parecer nativo são posturas facilmente encontradas em trabalhos antropológicos, que suscitam intermináveis debates. Gostaria de colocar algumas reflexões para este problema tão familiar àqueles que fazem e orientam pesquisas que têm como objeto indivíduos das chamadas camadas médias urbanas, moradores de grandes cidades como o Rio de Janeiro. Ou seja, quando nós mesmos somos os nativos.

Roberto DaMatta (1978) e Gilberto Velho (1978) escreveram textos, já clássicos, discutindo o processo de se transformar o "exótico em familiar" e o "familiar em exótico", referências importantes para pensar o trabalho antropológico nas sociedades complexas.

Gostaria de pensar esta questão na minha própria trajetória de pesquisa, assim como na de meus orientandos, e também trazer alguns depoimentos de antropólogos brasileiros e estrangeiros que parecem revelar que o dilema de "ser ou não ser nativo" está longe de estar resolvido.

Desvio e estigma na pesquisa antropológica

No meu doutoramento, escrevi um trabalho sobre "A Outra" para um curso ministrado por Gilberto Velho. Ao estudar mulheres amantes de homens casados, a primeira constatação foi verificar que, após os 30 anos, faixa etária na qual me encontrava, a realidade demográfica produz uma situação extremamente desfavorável para a mulher no mercado afetivo-sexual brasileiro. Como assinala Elza Berquó (1989), as mulheres têm, até os 30 anos, no máximo, chances iguais às dos homens. A partir daí, há o que ela chama de "determinismo demográfico", tendo um homem solteiro, de 50 anos, por exemplo, mais de 50 mulheres disponíveis para se relacionar afetivamente. Berquó chama de "pirâmide da solidão" esta realidade que, com o passar dos anos, faz com que sobrem muitas mulheres para poucos homens (porque os homens morrem cerca de sete anos antes das mulheres, casam com mulheres mais jovens etc.).

Entreguei o trabalho final para Gilberto Velho poucas semanas após o falecimento da minha mãe, no início de 1990. Em meio à mais profunda dor, reuni energias para analisar o material que havia recolhido nos meses anteriores. Ele discutiu comigo algumas versões do trabalho até chegar à final, e sugeriu que fosse publicada em livro. Meu editor na época publicou *A Outra*, que teve um grande espaço na imprensa do Rio de Janeiro, São Paulo e de outras cidades. Ao sucesso inesperado (afinal, foi apenas mais um trabalho de fim de curso, que me consumiu alguns meses de reflexão), em um momento de imensa dor, juntou-se outro elemento importante.

Nas inúmeras entrevistas que dei na época do lançamento, invariavelmente a primeira – ou uma das primeiras – pergunta era: "Você é ou já foi a Outra?" Respondia que meu interesse era o de pesquisadora sobre um fato social que afeta, de diferentes maneiras, todas as mulheres brasileiras, sem dar chance para o entrevistador perguntar sobre minha vida pessoal. Dizia que, como concluí ao analisar os discursos das amantes de homens casados, ser a Outra não torna essas mulheres diferentes das de sua geração e meio social. Elas são modernas, intelectualizadas, independentes, e vivem uma experiência amorosa repleta de conflitos e contradições, que podem existir em mulheres que jamais foram amantes de homens casados. Que não são mulheres malignas, perigosas, fatais ou ameaçadoras, como frequentemente representadas.

O estigma da Outra – presente também no discurso das pesquisadas, que associam seu comportamento a algo errado, imoral, ilegal, autodenominando-se putas, promíscuas ou traidoras, ao mesmo tempo que demonstram o desejo de serem as únicas, as oficiais, as verdadeiras, e até de se casarem no civil e no religioso com seus parceiros – faz com que a ambiguidade de sua situação contamine a própria identidade do pesquisador. O estigma do tema escolhido recai também sobre o pesquisador que se interessa por ele. As mesmas dúvidas que surgem em torno da figura da Outra cercam também o pesquisador: por que o interesse por este tema? Será que ela é ou foi a Outra? Será que o marido dela tem uma Outra? A possibilidade de qualquer mulher viver a situação de Outra ou de esposa traída transforma todas as mulheres em possíveis personagens do drama estudado. Ser e parecer (no caso, poder ser) são a mesma coisa. Pude verificar na prática o que Erving Goffman (1975) afirma: a pessoa que se relaciona com o indivíduo estigmatizado é obrigada a compartilhar um pouco de seu descrédito. Estas pessoas adquirem desse modo um certo grau de estigma.

É interessante lembrar que a primeira matéria que saiu sobre o livro, no *Jornal do Brasil*, parecia estar me defendendo de possíveis acusações de desvio que poderia sofrer por ter escolhido estudar amantes de homens casados. A jornalista finaliza seu texto com a seguinte frase: "É um trabalho que pode ajudar a compreender as relações familiares no Brasil, diz Mirian, com a tranquilidade de quem, aos 33 anos, não é a Outra de ninguém."

Também Mary Douglas (1976), com as ideias de poluição e de contágio, ajuda a pensar a situação do pesquisador quando escolhe determinados temas. Para ela, o perigo está nos estados de transição, simplesmente porque a transição não é nem um estado nem o seguinte, é indefinível. Estado presente no discurso e na experiência da Outra, que não é puta ou esposa, mas se acusa e é acusada de puta e deseja ser a esposa. A poluição transmite perigo pelo contato, diz a autora. O simples contato com um tema impuro, como o adultério, ou com pessoas em "posições intersticiais, antissociais, desaprovadas" pode provocar reações semelhantes àquelas inquietações provocadas pela sujeira, pela ambiguidade ou pela anormalidade.

Posso dizer que, a partir de então, construí uma carreira nas ciências sociais brasileiras, estudando temas percebidos como socialmente desviantes ou estigmatizados. Seguindo as reflexões de Howard Becker (1977), o estudo sobre a Outra pode ser visto como o primeiro passo na minha "carreira desviante". O autor considera que este primeiro passo é a realização de um ato não conformista, que pode ser intencional ou sem intenção, como foi no meu caso. Para Becker, os grupos sociais criam o desvio ao fazer as regras cuja infração constitui desvio e ao aplicar essas regras a pessoas particulares e rotulá-las como marginais e desviantes. Desse ponto de vista, o desvio não é uma qualidade do ato que a pessoa comete, mas uma consequência da aplicação por outras pessoas de regras e sanções a um transgressor. O comportamento desviante é aquele que as pessoas rotulam como tal.

Há quase vinte anos como professora do Departamento de Antropologia Cultural e do Programa de Pós-graduação em Sociologia e Antropologia do Instituto de Filosofia e Ciências Sociais da Universidade Federal do Rio de Janeiro, posso dizer que já "iniciei" dezenas de pesquisadores, da graduação ao doutorado, alguns que já eram e outros que se tornaram nativos. Eles transformaram temas estigmatizados, dentro e fora da academia, em estudos importantes para compreender a complexa realidade brasileira atual.

Também é possível pensar, como Pierre Bourdieu (1988), que fazer um nome no campo científico, acumular capital simbólico, é usar estratégias conscientes – mas na maioria das vezes inconscientes – de distinção. O fato de ter trabalhado e trabalhar com um campo que denomino "gênero e desvio" tem me possibilitado transitar em diferentes áreas de conhecimento, particularmente antropologia, sociologia, história, psicologia, educação, letras, educação física, comunicação, e até em áreas mais duras, como administração, economia e medicina. Tenho participado de bancas de defesa de dissertação de mestrado e tese de doutorado dessas diferentes áreas, assim como de inúmeros eventos e publicações científicas. Mas o que me parece mais interessante são os trabalhos que oriento, de excelentes alunos particularmente atraídos por objetos que favorecem a discussão de gênero e desvio. Também vale a pena registrar que alunos dos mais diferentes cursos e instituições têm participado das disciplinas que ministro na graduação e na pós-graduação, desde 1994.

O dito e o não dito: censura e autocensura no trabalho antropológico

Após a publicação de *A Outra*, realizei mais dois estudos sobre infidelidade em meu doutoramento, mas decidi escolher outro tema para a tese de doutorado. É preciso dizer que a estigmatização do tema foi apenas um dos fatores que me fizeram tomar essa decisão. Continuei, no entanto, a perseguir a trilha já iniciada de relacionar gênero, sexualidade e desvio, só que agora a partir de uma trajetória exemplar: a de Leila Diniz. Ícone de uma geração, ela simbolizou as mudanças no comportamento feminino, ocorridas na década de 1960, particularmente no que diz respeito à sexualidade, conjugalidade e maternidade.

Ao escolher como título da tese a frase de Rita Lee, "Toda mulher é meio Leila Diniz", estava dizendo que eu também, como "toda mulher", sou (ou gostaria de ser) "meio Leila Diniz". Ser ou não ser nativo, identificar-me ou não com o comportamento da atriz, sentir-me vivendo seus dramas e alegrias, aprender com ela determinadas atitudes passaram a ser questões da pesquisa.

Nascida em Santos, e mais de uma década após Leila Diniz, o mito de mulher revolucionária não marcou minha infância ou adolescência, só se tornando presente com minha mudança, já adulta, para a cidade do Rio de Janeiro. Estudar a trajetória de Leila Diniz significou compreender como foi construído um mito em torno de sua figura, mas também entrar em contato com sua vida íntima, familiar, por meio da leitura de seus diários e da realização de entrevistas em profundidade com seus quatro irmãos, tios, primos e psicanalista. Ter acesso, por meio dos longos depoimentos de seus irmãos, a algo que não era de conhecimento público, e sim quase um segredo familiar, foi um momento decisivo de minha trajetória como pesquisadora.

Estruturei a tese mostrando, na primeira parte, como foi construída a imagem pública de Leila Diniz: mulher revolucionária, símbolo de alegria, prazer e liberdade. Em seguida, analisei as entrevistas dos familiares para mostrar o que "não foi dito" (Pollak, 1986) nessas biografias públicas. A adoção de Leila Diniz, aos dois anos, pela nova mulher de seu pai, enquanto a mãe verdadeira (biológica) estava viva, primeiro em um sanatório para se recuperar de uma tuberculose e depois morando sozinha em um apartamento em Santa Teresa, na cidade do Rio de Janeiro, gerou uma situação extremamente tensa em sua infância e adolescência. Os dois irmãos mais velhos sabiam da existência da mãe verdadeira, mas estavam proibidos de contar a Leila, levando-a a acreditar que a nova companheira do pai era sua mãe. Somente no início da adolescência ela descobriu a existência de uma outra e verdadeira mãe – momento de crises que parece ter enfrentado escrevendo um diário, saindo de casa, morando com um homem desquitado muito mais velho, buscando ajuda na psicanálise e tornando-se atriz. O suicídio do pai em 1981, dez anos após a morte de Leila Diniz, em uma explosão de avião, foi relatado pelos quatro irmãos como o desfecho de uma história familiar trágica.

Por ser algo tão delicado, e posterior à morte da atriz, decidi retirar da tese de doutorado os depoimentos sobre o suicídio do pai, fato que não encontrei em nenhum material sobre a vida de Leila Diniz. Em conversa com meu orientador, percebi que ao cortar esses depoimentos eu estaria autocensurando meus dados. Ele me fez a seguinte pergunta: "Será que os irmãos de Leila querem que esse fato seja omitido?"

Enviei, então, a tese aos quatro irmãos e, para minha surpresa, eles não exigiram nenhuma mudança no texto final. Alguns poucos palavrões foram cortados e uma das irmãs pediu que eu tirasse o número de parceiros sexuais que disse ter tido ao longo de sua vida e deixasse apenas: "Eu não sei com quantos homens transei na vida, mas foram muitos, não dá nem para contar." Meu orientador concluiu, então, que eu iria censurar algo que os próprios irmãos queriam falar para talvez ajudar a compreender que a trajetória de Leila Diniz não correspondia àquela do mito construído pelos livros, filmes e matérias publicadas na imprensa.

Ao revelar certos aspectos da vida de Leila Diniz e silenciar outros, as narrativas existentes pareciam ter como objetivo não macular a imagem de mulher revolucionária, acreditando que tais dramas seriam incompatíveis com ela. No entanto, como ficou claro no decorrer da pesquisa, compreender os dramas familiares ajudou a entender que Leila Diniz fez um enorme esforço para superar o sofrimento no sentido de (re)construir a própria existência.

Em sua trajetória, alguns elementos silenciados, ou abordados de forma muito superficial, são decisivos na construção de sua personalidade singular. Dentre eles destaco: a descoberta da mãe verdadeira, o segredo dos irmãos, a busca precoce da psicanálise, o diário escrito do início da adolescência até o momento de sua morte, a carreira de atriz, os relacionamentos amorosos, o sofrimento do pai que culminou no suicídio.

Ao se construir a imagem de mulher revolucionária, particularmente no que diz respeito à sexualidade, foi deixada de lado a elaboração particular que Leila fez de seus dramas familiares. Acredito que mostrar o "não dito" nestas narrativas, os silêncios, as lacunas, se fez necessário para humanizar essa mulher que se tornou tão marcante em nossa história recente.

Ser ou não ser nativo? Eis a questão

Outro ponto interessante a ser pensado é quando a pesquisa transforma a vida do pesquisador, ou melhor, quando nossos temas de estudo passam a ser também questões existenciais. Um dos exemplos extremos dessa transformação é o do sociólogo francês Loïc Wacquant (2002), que se tornou aprendiz de boxe ao realizar a etnografia de um ginásio em uma comunidade afro-americana de baixa renda na cidade de Chicago. Apesar do corpo franzino e da pele muito clara, além da dificuldade em adquirir a agilidade e a força de um boxeador, Wacquant chegou a subir ao ringue em uma das principais competições regionais. Ele relata que "na embriaguez do mergulho" chegou a pensar, durante algum tempo, em interromper sua carreira universitária para "passar para o lado" dos profissionais e, assim, permanecer junto aos amigos do *gym*. Em seu diário de campo, de agosto de 1990, Wacquant registrou:

"Hoje me diverti tanto no *gym*, falando e rindo com DeeDee e Curtis, sentado na sala dos fundos e simplesmente vivendo e respirando ali, no meio deles, embebendo-me como uma esponja da atmosfera da sala, que senti um repentino sopro de angústia diante da ideia de ter de voltar logo a Harvard [onde eu acabara de ser admitido]. Experimentei tal prazer simplesmente de participar que a observação tornou-se secundária e, francamente, estava dizendo a mim mesmo que, de bom grado, abandonaria meus estudos, minhas pesquisas e todo o resto para poder ficar aqui, boxeando, permanecer '*one of the boys*'. Sei que isso é completamente tolo e certamente irreal, mas, nesse exato momento, a perspectiva de ir para Harvard, de apresentar um *paper* à ASA [congresso anual da American Sociological Association], de escrever artigos, ler livros, assistir a conferências e o *tutti fruti* universitário, acho tudo isso sem o menor sentido, deprimente, de tal forma morno (morto) em relação à alegria carnal pura e viva, que me oferece o diabo desse *gym*, que eu queria largar tudo para ficar em Chicago. É verdadeiramente *crazy*. PB [Pierre Bourdieu] outro dia me dizia que ele tinha medo de que eu me 'deixasse seduzir por meu objeto', mas se ele soubesse: já estou bem para lá da sedução!"

É interessante como, na minha experiência de professora e orientadora, já vi orientandos passarem por situações muito semelhantes: um aluno magro, que se tornou forte e musculoso após quatro anos de "participação observante" em academias de musculação e quase desistiu do mundo acadêmico para se tornar profissional em outro tipo de academia; uma aluna que tatuou no próprio corpo as tatuagens que estava pesquisando. O exemplo mais curioso foi o de uma mestranda que pretendia estudar os concursos de misses no Rio de Janeiro e acabou escolhida como miss cidade do Rio de Janeiro. No concurso para miss Estado do Rio de Janeiro, em dezembro de 2003, lá estava eu, inicialmente cumprindo minha obrigação de orientadora, mas, logo após, como entusiasta torcedora pela classificação dela. Aplaudi minha bela orientanda, vaiei as demais concorrentes, e, após quase quatro horas de apaixonada torcida, saí satisfeita com sua faixa de segunda colocada, o que lhe garantiu o título de miss Turismo.

Outro exemplo de conversão do pesquisador ao seu objeto de pesquisa é o meu atual interesse de estudo: a representação social do corpo feminino na cultura brasileira. Uma década após concluir o estudo sobre Leila Diniz, deparei com uma questão que até então não era um problema existencial: o que significa envelhecer, engordar e ter imperfeições no Brasil, mais particularmente na Zona Sul da cidade do Rio de Janeiro.

Para se ter ideia das verdadeiras transformações, subjetivas e objetivas, que atravessei, antes de iniciar as leituras que culminaram na publicação do livro *Nu & vestido*, em 2002, nunca tinha ido ao dermatologista, usado hidratante, filtro solar e outros procedimentos tidos como básicos.

Minha primeira ida ao dermatologista se transformou em uma cruel iniciação nessa cultura de culto ao corpo. Além de me recomendar o uso de diferentes cremes, hidratantes, loções, ácidos, esfoliantes, filtros, sabonetes, vitaminas, a especialista, ao me examinar, disse categoricamente: "Por que você não faz plástica para tirar o excesso das pálpebras? Por que não coloca preenchimento nos sulcos ao redor dos lábios? Você vai rejuvenescer dez anos!" Seu tom imperativo me soou como uma verdadeira acusação: "Por que você não quer ficar dez anos mais jovem? Você é culpada por estar envelhecendo!" Durante quase um ano vivi o dilema: faço ou não faço plástica? Coloco ou não o preenchimento nos sulcos dos lábios? Botox ou não na testa?

"Seja jovem, magra e bela", o imperativo categórico de nossos dias. Tornei-me uma verdadeira nativa desde então, aprisionada por um determinado modelo de corpo. Uma leve esquizofrenia tomou conta de mim no início deste século XXI. Se, de um lado, analiso e critico o atual culto ao corpo, de outro passei a ser uma fiel consumidora de produtos dermatológicos caros (provavelmente ineficazes) e muitíssimo preocupada quando a balança anuncia um quilo a mais. Manchas na pele que antes eram completamente invisíveis passaram a ocupar meu foco de atenção, como se fossem tomar conta do rosto todo. Estrias, celulites e flacidez que jamais tinham sido percebidas invadiram, de repente, as partes superiores e, em particular, as inferiores do meu corpo.

Ao analisar a atual obsessão feminina com o corpo, utilizo trechos de entrevistas que poderiam ter sido ditos não só pelos meus pesquisados, mas também por inúmeros homens e mulheres inseridos na cultura carioca, inclusive por mim mesma. Cito um depoimento exemplar:

"Acabei de fazer 40 anos, e isso mudou toda a percepção do meu corpo. Passei a enxergar coisas que nunca tinha percebido: celulite, estrias, manchas, rugas. É como se de um dia para outro eu tivesse envelhecido 20 anos. Um dia me sentia jovem, magra, gostosa. Depois de fazer 40 passei a me sentir uma velha caquética, gorda, flácida. Na cama, também tudo mudou. Antes transava de luz acesa, gostava que meus namorados olhassem meu corpo. Agora entro em pânico. Preciso estar com a luz apagada, debaixo do lençol. Não tiro o sutiã para eles não perceberem que o peito está caído. O pior é que sei que eles não estão nem aí para esses detalhes, é tudo paranoia minha" (psicóloga, 40 anos, divorciada).

Lembrando mais uma vez de Malinowski, a antropologia seria o estudo segundo o qual compreendendo o primitivo poderíamos chegar a compreender melhor a nós mesmos. As pesquisas que realizo e oriento demonstram que compreender melhor o outro ajuda não só a compreender melhor a nós mesmos, mas também a revelar aspectos obscuros, ocultos, silenciados de nossas próprias vidas e da cultura na qual estamos inseridos. Subjetividade e objetividade estão sendo transformadas, reinventadas, explicitadas em nossas pesquisas. É o que venho experimentando nos últimos anos, como antropóloga, professora e, agora, como uma mulher preocupada com as últimas novidades na luta contra o envelhecimento.

2
O corpo cativo: sedução e escravidão feminina

Apesar de ter escrito o clássico *As técnicas corporais* em 1934, o antropólogo francês Marcel Mauss tem sido uma referência obrigatória para aqueles que querem compreender um fenômeno característico dos tempos atuais: a valorização de um determinado tipo de corpo feminino. Para tanto, dois conceitos presentes em seu texto são fundamentais: o de "técnicas corporais" e o de "imitação prestigiosa".

Para Mauss (1974), o conjunto de hábitos, costumes, crenças e tradições que caracteriza uma cultura também se refere ao corpo. Assim, há uma construção cultural do corpo, com uma valorização de certos atributos e comportamentos em detrimento de outros, fazendo com que haja um corpo típico para cada sociedade. Esse corpo, que pode variar de acordo com o contexto histórico e cultural, é adquirido pelos membros da sociedade por meio da "imitação prestigiosa": os indivíduos imitam atos, comportamentos e corpos que obtiveram êxito e que viram ser bem-sucedidos.

O autor chama a atenção para o fato de que as técnicas corporais "variam não simplesmente com os indivíduos e suas imitações, mas, sobretudo, com as sociedades, a educação, as conveniências e as modas, com os prestígios". E é precisamente na noção de prestígio da pessoa que torna o ato autorizado em relação ao indivíduo imitador que se encontra todo o elemento social das técnicas corporais.

É possível afirmar que o culto ao corpo, com todos os rituais de embelezamento, rejuvenescimento e modelagem das formas a ele associados, deve grande parte de sua propagação a uma imitação, baseada no prestígio conferido àquelas (e àqueles) que ostentam um físico dentro de determinado padrão estético. Mas que tipo de corpo as mulheres brasileiras, e mais particularmente as cariocas, procuram imitar?

O corpo na cidade do Rio de Janeiro

Alguns dados da pesquisa que venho realizando desde 1998 podem ser interessantes para pensar essa questão. Em "Mudanças nos papéis de gênero, sexualidade e conjugalidade: um estudo antropológico das representações sobre o masculino e feminino nas camadas médias urbanas", foram analisados 1.279 questionários, respondidos por 835 mulheres e 444 homens, de 17 a 50 anos, com nível universitário, renda superior a 2 mil reais, moradores da cidade do Rio de Janeiro. A pesquisa tem como objetivo analisar as representações de gênero presentes nos discursos de homens e mulheres das camadas médias urbanas cariocas. Busquei comparar as expectativas, os desejos, as dificuldades, os arranjos conjugais e comportamentos sexuais de homens e mulheres deste segmento social.

Desde 1988 realizo pesquisas que têm como foco as novas conjugalidades, a sexualidade, a infidelidade e a construção social do corpo na cultura brasileira. Nesta pesquisa, procuro retomar os temas sobre os quais tenho refletido ao longo desses anos por meio de um novo caminho metodológico e com novas questões, surgidas a partir das transformações nos papéis de gênero. Com a preocupação de ampliar o espectro de meus estudos desenvolvidos anteriormente por meio de entrevistas em profundidade e observação participante, análise de trajetórias e reportagens da mídia, elaborei dois questionários focalizando as representações sobre ser homem e ser mulher, os modelos ideais de casamento, as diferentes experiências de relacionamentos afetivo-sexuais, entre outras questões.

Ao perguntar "O que mais te atrai em um homem (uma mulher)? O que mais te atrai sexualmente em um homem (uma mulher)?" tive como respostas que o que mais atrai as mulheres em um homem é a inteligência, o corpo e o olhar. O que mais atrai os homens em uma mulher é a beleza, a inteligência e o corpo. Assim, pode-se supor que a aparência do parceiro é muito mais valorizada pelos homens do que pelas mulheres. No entanto, analisando o conjunto de respostas, mulheres e homens não estão tão distantes como poderíamos imaginar: 77% das respostas masculinas e 74% das femininas destacam características físicas como sendo aquelas que mais os atraem no sexo oposto. É bem verdade que as mulheres enfatizam mais em suas respostas características classificadas por mim como físicas indiretas, tais como: olhar, sorriso, cheiro, voz, entre outras.

Dentre as respostas masculinas, 27% destacam características físicas indiretas, enquanto 50% são características físicas diretas, como bunda, o corpo, seios, pernas, olhos.

As mulheres equilibram as características físicas diretas e indiretas, citadas na mesma proporção (37%), enquanto os homens dão um peso maior às características físicas diretas (50%) do que às indiretas (27%).

Características não físicas, como inteligência, simpatia, bom papo, sensibilidade, também aparecem mais nas respostas femininas (58%) do que nas masculinas (31%), e podem ser classificadas em três grupos: aquelas que correspondem às expectativas românticas com relação ao sexo oposto; as que se referem à personalidade do parceiro e, por fim, as que têm cunho moral.

Ao responderem sobre o que as atrai no sexo oposto, as mulheres enfatizam bem mais do que os homens seus ideais românticos. Segurança, maturidade, companheirismo, atenção, respeito, gentileza, gostar de família, por exemplo, são características que atraem apenas as mulheres. Elas também se dizem, mais do que os homens, atraídas por aspectos morais, como caráter, honestidade, responsabilidade, ser bom trabalhador. As características relacionadas à personalidade do parceiro, como inteligência, simpatia, bom humor, também aparecem mais nas respostas femininas (31%) do que nas masculinas (22,5%).

Quando a pergunta é sobre o que mais os atrai sexualmente no sexo oposto, as características físicas diretas são as mais encontradas nas respostas masculinas e femininas. Nas respostas, 91% dos homens e 76,5% das mulheres apontam características físicas diretas. A bunda é o que mais atrai sexualmente os homens (23%), enquanto o tórax é a resposta mais encontrada nas mulheres (17%). Praticamente a mesma porcentagem de homens (17%) e mulheres (16%) dizem ser o corpo o que mais os atrai no sexo oposto. No entanto, quando são um pouco mais específicos, apenas os homens destacam barriga, quadril e cintura, enquanto apenas as mulheres respondem braços, abdômen, músculos, pênis, peito cabeludo, barba.

Ao perguntar às mulheres "O que você mais inveja em uma mulher?" elas respondem a beleza em primeiro lugar, o corpo em segundo e a inteligência em terceiro. Já os homens, ao responderem "O que você mais inveja em um homem?" dizem inteligência, poder econômico, beleza e o corpo.

Não enfatizarei aqui o aspecto cultural e simbólico da preferência das mulheres pelas partes superiores do corpo masculino e, inversamente, da atração dos homens brasileiros pelas partes inferiores do corpo feminino. Prefiro me deter na recorrência da resposta "o corpo" como algo invejado, desejado e admirado, não apenas pelas mulheres mas também, expressivamente, pelos homens. O mais interessante é que, em todas as questões acima, a categoria o corpo aparece sem nenhum adjetivo.

Apenas em uma das questões da pesquisa, quando, para saber o que homens e mulheres procuram em um relacionamento afetivo, sugeri: "Se você escrevesse um anúncio com o objetivo de encontrar um parceiro, como se descreveria? Como você descreveria o que procura em um parceiro?", o corpo aparece nas respostas como definido, malhado, trabalhado, sarado, saudável, atlético, bonito, entre outros.

A recorrência das respostas revela a centralidade que o corpo adquiriu para os indivíduos das camadas médias cariocas. Este segmento social tem sido estudado por muitos autores, como Gilberto Velho (1981), por ter uma visão de mundo e um estilo de vida que produzem um efeito multiplicador que extravasa seus limites, podendo revelar, de forma mais geral, o processo de mudança que os papéis de gênero vêm sofrendo. Pode-se assim supor que a preocupação com o corpo tem alcançado indivíduos de todos os segmentos da sociedade brasileira.

Corpo e sexualidade

Outro dado da pesquisa merece destaque: 60% dos homens e 47% das mulheres afirmam ter sido infiéis. Nota-se que, apesar de já não estarem mais tão distantes nesta questão – mulheres também traem quase tanto quanto os homens –, os motivos que levam à traição são completamente diferentes. Homens traem por uma afirmação de sua virilidade, para provar que são homens de verdade. "Instinto", "natureza", "galinhagem", "é um hobby", "testicocefalia", "pintou uma chance que eu não podia recusar" são respostas presentes apenas no discurso masculino.

A clássica dissociação entre sexo e afeto ainda ocorre na maior parte dos pesquisados, como revelou o antropólogo Roberto DaMatta (1983) ao apontar a divisão feita pelos homens brasileiros entre mulher da casa e mulher da rua, santa e puta, lugar da família e lugar do prazer sexual.

Já nas respostas femininas encontrei "insatisfação com o parceiro", "falta de romance", "para levantar a autoestima", além de um número significativo de mulheres que traem porque não se sentem mais desejadas pelos parceiros. Para elas, ser desejadas é a prova de que seus corpos são capazes de despertar o interesse masculino. Como afirmou Naomi Wolf (1992), em *O mito da beleza*, o que as meninas aprendem cedo não é o desejo pelo outro, mas o desejo de ser desejada.

Essa preocupação feminina demonstra que o corpo tem um peso importante nos relacionamentos afetivo-sexuais e também em determinados comportamentos que podem ser interpretados como frutos de uma cultura que valoriza excessivamente a juventude e a forma física. O fato de muitas mulheres traírem apenas para provar que seus corpos são capazes de seduzir demonstra uma enorme insegurança com relação a outros atributos que também poderiam ser utilizados no jogo da sedução, como a inteligência, o charme, o humor, o poder, entre tantos outros.

No que diz respeito à maneira como homens e mulheres pensam o corpo feminino também se percebe um grande distanciamento. Matéria da revista *Época* trouxe como título "O corpo que eles desejam... não é o que elas querem ter". A reportagem mostra um fenômeno esquizofrênico da nossa época: mulheres querem seduzir homens com um corpo que está longe da preferência masculina. A matéria revela que o padrão de beleza desejado pelas mulheres é construído por meio de imagens das supermodelos, que se consagraram a partir dos anos 1980 e conquistaram status de celebridade nos anos 1990. Doenças como anorexia e bulimia se tornaram quase uma epidemia nos últimos anos, em uma geração que cresceu tentando imitar o corpo de Cindy Crawford, Linda Evangelista, Claudia Schiffer e, mais recentemente, da brasileira Gisele Bündchen. Só que os homens que responderam ao meu questionário elegeram como suas musas Sheila Carvalho, Luma de Oliveira, Luana Piovani, Mônica Carvalho e outras "gostosas" que estão longe das medidas das modelos das passarelas.

Além desse divórcio nos discursos masculinos e femininos, observei outro fenômeno: a preocupação com um determinado modelo de corpo tem atrapalhado a vida sexual de muita gente, como revelam alguns depoimentos para a minha pesquisa.

"Muitas vezes estamos no meio da transa, no maior clima, e ela pergunta: estou gorda? Ou então insiste em transar no escuro para eu não ver o corpo dela. Perco totalmente o tesão" (engenheiro, 35 anos, solteiro).

"Acho minha namorada linda, com o corpo lindo. Acho até engraçado quando ela tenta me mostrar que tem celulite, estria. Eu não consigo enxergar nada. O mais estranho é que ela não só quer que eu enxergue como quer que eu ache feio. Insiste tanto que vou acabar achando feio mesmo" (economista, 27 anos, solteiro).

Uma revista especializada dos Estados Unidos, *The Journal of Sex Research*, mostrou uma pesquisa com duzentas universitárias, das quais um terço, independentemente de serem gordas ou magras, disse que a imagem que o parceiro faz do corpo delas é o mais importante durante o ato sexual.

O estudo revelou que a ansiedade em relação à forma física leva muitas mulheres até mesmo a evitarem o sexo. Esta realidade também foi encontrada em uma pesquisa nacional sobre a vida sexual dos brasileiros, com 3 mil homens e mulheres, de todas as classes sociais, coordenada por Carmita Abdo, do Projeto Sexualidade, do Hospital das Clínicas de São Paulo. Um dos maiores problemas encontrados foi a falta de desejo: 35% das mulheres pesquisadas não sentem nenhuma vontade de ter relações. Um dos principais motivos dessa falta de desejo é uma questão cultural que inibe a libido: a angústia de não corresponder à imagem da mulher com o corpo perfeito que aparece nas revistas e nas propagandas de televisão. "Numa sociedade altamente erotizada no plano da moda e da mídia, que privilegia cada vez mais o 'corpão', a cama pode ser o palco de uma tremenda frustração para quem não apresenta medidas próximas das perfeitas. Diante da impossibilidade de exibir esse padrão, o desejo é pouco a pouco reprimido, até sumir de vez – ou transubstanciar-se em neuroses. O curioso é que o barrigão de cerveja não tem o mesmo efeito sobre os homens: apenas 12% deles se queixam de falta de desejo."

A psicanalista inglesa Susie Orbach considera que um dos principais fatores que contribuem para a frustração em relação ao sexo é o modelo de beleza apregoado pela sociedade atual, que afeta especialmente as mulheres: "É o corpo feminino perfeito, magro e esguio. A apologia do corpo perfeito é uma das mais cruéis fontes de frustração feminina dos nossos tempos. A obsessão pela magreza virou uma epidemia. Considero a busca do corpo perfeito um retrocesso no processo de emancipação feminina. Houve apenas um breve momento de progresso das mulheres nos anos 1970. Depois disso, elas começaram a recuar, escravizadas por um modelo inalcançável de beleza. Há uma ironia nesse fato: justamente num tempo em que as mulheres dizem querer ganhar espaço, elas procuram ficar cada vez menores e mais esquálidas."

Dados recentes demonstram que a brasileira é campeã na busca desse corpo perfeito. A revista *Time* chamou atenção para esse fato na capa que trouxe Carla Perez com a seguinte legenda: "The plastic surgery craze: latin american women are sculping their bodies as never before – along California lines. Is this cultural imperialism?" A *Veja* confirmou com a capa "De cara nova: com operações mais baratas, alternativas de conserto para quase tudo e grandes médicos em atividade, o Brasil passa a ser o primeiro do mundo em cirurgia plástica". Segundo a Sociedade Brasileira de Cirurgia Plástica, o brasileiro, especialmente a mulher, se tornou o povo que mais faz plástica no mundo: 350 mil pessoas se submeteram a pelo menos um procedimento cirúrgico com finalidade estética em 2000. Em cada grupo de 100 mil habitantes, 207 pessoas foram operadas em 2000. Os Estados Unidos, tradicionais líderes do *ranking*, registraram 185 operados por 100 mil habitantes no ano 2000 (sendo a renda *per capita* americana oito vezes maior que a nossa). Mas o que torna o Brasil especial nessa área é "o ímpeto com que as pessoas decidem se operar e a rapidez com que a decisão é tomada".

E o que pensam os homens dessa obsessão feminina com o corpo?

Apesar de viverem uma realidade demográfica extremamente favorável com relação ao mercado afetivo-sexual, como mostra a demógrafa Elza Berquó, com um enorme superávit de mulheres disponíveis para se relacionarem, tenho entrevistado homens moradores da cidade do Rio de Janeiro que se queixam da dificuldade para encontrar uma parceira. Eles dizem que, apesar do excesso de oferta, não encontram o que procuram porque as mulheres, em sua maioria, estão tão preocupadas com o próprio corpo que se tornam pouco interessantes, atraentes ou sedutoras.

"Não aguento mais mulher *fake*. Estão todas iguais, loiras, de cabelo alisado, nariz arrebitado, peito siliconado, todas querendo ficar com a mesma cara de atriz da Globo" (fotógrafo, 46 anos, divorciado).

"As mulheres estão muito chatas, não encontro uma interessante. É difícil encontrar uma com quem eu possa conversar. O que é uma mulher interessante? É uma mulher que não seja só bonita, que não seja igual às outras, que seja inteligente, tenha paixão pelas coisas que faz e não gaste tanto tempo com malhação e salão de beleza" (jornalista, 50 anos, divorciado).

Da sedução à escravidão

> Fazia musculação, mas percebi que passava duas horas do meu dia com a cabeça na bunda. Não posso perder tempo assim.
>
> Maitê Proença

No Rio de Janeiro, cidade considerada a mais bela do mundo, onde as praias e a temperatura elevada durante quase todo o ano favorecem o desnudamento, a centralidade que a aparência física assume na vida cotidiana é muito mais evidente.

Analisei o papel do corpo na cultura carioca em dois diferentes momentos e contextos históricos. O primeiro estudo foi a análise da trajetória de Leila Diniz em tese de doutorado (Goldenberg, 2008). Quando, em 1971, Leila exibiu sua barriga, grávida, de biquíni, na praia de Ipanema, escandalizou e lançou moda. Foi capa de revistas e manchete de jornais por ter sido a primeira mulher a não esconder a barriga em roupas largas e escuras, consideradas mais adequadas a uma grávida. Não só engravidou sem ser casada como também exibiu uma imagem alternativa à grávida tradicional. A barriga grávida materializou, objetivou, corporificou seu comportamento sexual transgressor. Ícone das décadas de 1960 e 1970, Leila Diniz permanece, até hoje, como símbolo da mulher carioca, que encarna, melhor do que ninguém, o espírito da cidade: corpo seminu, sedução, prazer, liberdade, sexualidade, alegria, espontaneidade.

Na minha pesquisa situada no final do século XX e início do XXI, constato que a preocupação com a aparência e a juventude se tornou uma obsessão entre as cariocas, provocando uma permanente insatisfação com o próprio corpo. O corpo de Leila Diniz (e de muitas mulheres de sua geração) era voltado para o prazer, para o livre exercício da sexualidade, exibia sua beleza e plenitude à luz do sol. O corpo de muitas mulheres de hoje é controlado, mutilado, prefere a escuridão para esconder suas imperfeições. Em pouco mais de três décadas, assistimos a uma grande transformação do corpo carioca: do exercício do prazer à busca da perfeição estética, da liberdade à submissão aos modelos, do erotismo à falta de desejo.

Não é preciso ser feminista para perceber que a atual obsessão com o corpo tem levado a muitos desencontros, frustrações e insatisfações. Talvez seja o momento de pensar mais criticamente sobre os valores que influenciam determinados comportamentos femininos.

Naomi Wolf defende que as mulheres lutem pela mais básica das liberdades: a de imaginar o próprio futuro e de ter orgulho da própria vida, demonstrar sua lealdade para com sua idade, seu corpo, sua pessoa e sua história. Para ela, a eliminação dos sinais da idade dos rostos e corpos femininos deveria ter a mesma ressonância política que seria provocada se todas as imagens de negros fossem clareadas, pois equivale a apagar a identidade, o poder e o valor das mulheres.

É no mínimo estranho pensar que, após décadas de lutas femininas pela liberação da opressão e pelo pleno exercício do prazer, após Leila Diniz se tornar um modelo de sexualidade revolucionária com seu corpo grávido exibido nas praias cariocas, muitas mulheres se submetam a um novo tipo de prisão. Só que desta vez é mais difícil afirmar quem são (e derrotar) os verdadeiros carcereiros.

3
A dominação masculina na juventude

Este trabalho pretende discutir as representações de gênero, a valorização da sexualidade e os diferentes usos do corpo em jovens das camadas médias cariocas, a partir dos dados da pesquisa realizada com 1.279 homens e mulheres, de 17 a 50 anos, de nível universitário e renda familiar acima de 2 mil reais. Deste grupo inicial, foram analisados um total de 258 questionários, sendo 74 de homens e 184 de mulheres, entre 17 e 24 anos, que responderam às seguintes questões: Com quantos anos deixou de ser virgem? Com quantas pessoas já teve relações sexuais? O que você mais inveja em um(a) homem/mulher? O que mais te atrai em um(a) homem/mulher? Quais as principais qualidades de um(a) homem/mulher? Quais os principais defeitos de um(a) homem/mulher? Também foi analisado um anúncio proposto aos pesquisados, com o seguinte texto: Se você escrevesse um anúncio com o objetivo de encontrar um parceiro, como se descreveria? Como você descreveria o que procura em um parceiro?

Com quantos anos deixou de ser virgem?

Dos 74 jovens do sexo masculino, apenas 3 se declaram virgens. As idades em que afirmam ter perdido a virgindade variam entre 13 e 23 anos, sendo que o maior número de respostas se concentra na idade de 16 anos (20 respostas).

A segunda idade mais citada como momento da primeira relação sexual é de 15 anos (14 respostas).

Entre as 184 jovens pesquisadas, 31 se declaram virgens, o que chama a atenção pela diferença em relação às respostas masculinas. As idades em que essas jovens afirmam ter deixado de ser virgens variam entre 12 e 22 anos. A idade mais citada foi a de 16 anos (27 respostas), o que coincide com a idade mais citada pelos homens. As outras idades mais citadas foram 17 e 18 anos (23 respostas cada uma). Vinte mulheres não responderam à questão, o que merece atenção, já que apenas 2 homens tiveram a mesma atitude.

Enquanto a maioria dos jovens do sexo masculino tende a perder a virgindade entre 14 e 17 anos, a faixa etária em que a maioria das jovens perde a virgindade é mais extensa: de 14 a 20 anos.

As respostas dos pesquisados sobre a idade da primeira relação sexual permitem perceber uma tendência: à medida que a faixa etária diminui, a perda da virgindade ocorre mais tarde para os homens e mais cedo para as mulheres. Este dado pode ser observado ao se comparar os jovens com os homens de 31 a 50 anos de idade que tendiam a ter a primeira relação sexual em torno dos 14 anos, enquanto as mulheres dessa mesma faixa etária costumavam ter sua primeira relação sexual aos 20 anos ou mais. Já no caso dos pesquisados mais jovens, homens e mulheres tendem a perder a virgindade em torno dos 16 anos.

Os dados parecem indicar que, apesar de uma tendência atual de homens e mulheres terem sua primeira relação sexual com idades próximas, ainda há uma pressão social para que os homens se iniciem sexualmente mais cedo. Para as mulheres esta cobrança parece menor, a julgar pelo número de virgens. Pode-se observar, contudo, que as próprias mulheres com mais de 20 anos que não perderam a virgindade parecem se perceber como desviantes em termos de comportamento sexual, uma vez que 5 pesquisadas, da faixa dos 21 aos 30 anos, utilizam "ainda" ao revelar a virgindade: "ainda sou virgem."

Para Becker (1966) o comportamento desviante não depende da natureza do ato em si, mas da reação dos outros. Portanto, o desvio surge da interação entre a pessoa que age e aqueles que reagem ao ato. No caso, o grupo em que os jovens estão inseridos parece considerar que a iniciação sexual, tanto dos homens como das mulheres, atualmente deve ocorrer o mais cedo possível.

Costa (1986) analisa a iniciação sexual do brasileiro destacando que o homem é estimulado a ter relações o mais cedo possível, como prova de virilidade. A preocupação com a performance sexual, em termos de variedade de parceiras, passa a ser constante, levando-o a ter que provar permanentemente a própria masculinidade.

Fry e MacRae (1983) afirmam que a socialização diferenciada de homens e mulheres os levam a diferentes estilos de vida e a uma série de expectativas a respeito do comportamento considerado apropriado a cada um dos dois sexos. Nas convenções sociais a respeito da masculinidade, fortemente enraizadas em nossa cultura, a iniciação sexual é um dos marcos mais importantes e é apresentada aos adolescentes como uma forma positiva de autoafirmação.

Com quantas pessoas teve relações sexuais?

> A cultura irrefletida da sexualidade diz apenas isso: busque seu lugar numa sociedade de ofertas múltiplas, encontre seu produto favorito no supermercado das sensações. Nunca fomos tão pródigos em sexualidade como agora; nunca fomos tão insaciáveis e insatisfeitos com o sexo como agora.
>
> Jurandir Freire Costa

Nas respostas masculinas, o que mais chama a atenção é a imprecisão, encontrada em 21 respostas (28% do total): "mais ou menos 10", "mais de 10 pessoas", "mais ou menos 25", "aproximadamente 53", "muitas, perdi a conta", "com sinceridade, não lembro o número certo, mas em torno de 35 a 50 pessoas", "não me lembro, foram muitas", "um montão!!!".

O discurso masculino parece querer ressaltar, com esta imprecisão, que não se lembra de suas parceiras sexuais ou que nem todas foram significativas em suas trajetórias. Entre as 46 respostas masculinas precisas, 9 declaram ter tido uma única parceira, enquanto 22 dizem ter tido de 2 a 5 parceiras. Onze pesquisados afirmam ter tido de 6 a 10 parceiras sexuais e 3 de 11 a 20 parceiras. Um pesquisado respondeu: "só com 12." Apenas um respondeu ter tido mais de 20 parceiras. Três são virgens e 4 não responderam à questão.

As respostas femininas foram muito precisas, contrastando fortemente com as masculinas: somente 4 mulheres foram vagas em suas respostas (2% do total): "acho que 7", "9 no máximo". As jovens pesquisadas se lembram de seus parceiros sexuais indicando que eles foram importantes em suas vidas, revelando uma associação entre sexo e afetividade. Das 125 respostas femininas precisas, 41 afirmam ter tido um único parceiro; 57 dizem entre 2 a 5 parceiros; 19 mulheres falam de 6 a 10 parceiros; 6 afirmam ter tido de 11 a 20 parceiros; 2 revelam ter tido mais de 20 parceiros; 31 se declaram virgens e 24 não responderam à questão. Comparativamente aos jovens do sexo masculino, chama a atenção, além do número de virgens, as que não responderam à questão, indicando que o tema ainda é delicado para muitas mulheres.

É possível dizer que os homens pesquisados tendem a ter a primeira relação sexual antes das mulheres. No entanto, os dados mostram uma mudança com o passar das gerações, já que os homens e as mulheres mais novos apresentam respostas semelhantes. Pode-se argumentar que o abismo entre os gêneros, quando se trata da primeira relação sexual, vem diminuindo. Quando a questão é o número de parceiros sexuais, a distância entre homens e mulheres sofre menos alterações, já que as respostas femininas, de quase todas as faixas etárias, apontam para números inferiores aos masculinos: a tendência entre as mulheres pesquisadas é de no máximo 5 parceiros sexuais. Além disso, o posicionamento dos homens frente à pergunta é diferente. Enquanto eles apresentam respostas imprecisas, elas, em sua grande maioria, demonstram saber exatamente com quantas pessoas tiveram relações sexuais.

A variedade de mulheres e a frequência das relações sexuais têm sido apontadas como uma importante característica na construção da identidade masculina. Analisando o que é retratado nas revistas masculinas, Nogueira (1986) encontrou que o "homem vitorioso" ou o "homem feliz" vive cercado de mulheres bonitas, apresentadas como desfrute para um momento. Os homens são apresentados como essencialmente mulherengos e infiéis.

Portanto, apesar de transformações significativas do comportamento sexual feminino, principalmente no que diz respeito à iniciação sexual, percebe-se a existência de uma dupla moral, que prescreve multiplicidade de parceiros sexuais para os homens e restringe os parceiros sexuais para as mulheres. A distância entre homens e mulheres neste setor parece indicar, como destacou Simmel (1969), que a sexualidade masculina é centrífuga e a feminina, centrípeta. Em outras palavras, os homens teriam relações sexuais com mais parceiras porque não se relacionam com uma única mulher, mas com a mulher em geral. As mulheres, ao contrário, se apaixonam por um homem particular e têm, portanto, relações com menor número de parceiros, visto que sua entrega sexual é muito mais intensa e subjetiva.

O conceito de desmapeamento, proposto por Figueira (1987), pode ser útil para pensar sobre as mudanças e permanências no comportamento sexual masculino e feminino. Para o autor, as mudanças sociais são rápidas e visíveis, não sendo acompanhadas no mesmo ritmo e intensidade pelas subjetividades individuais, que incorporam ideais modernos sem eliminar os arcaicos, que permanecem invisíveis dentro dos sujeitos. O descompasso entre aspectos visíveis e invisíveis leva à coexistência de mapas, ideais e normas contraditórios, o que muitas vezes é insuportável. A convivência do ideal arcaico, que permanece poderoso e ativo em um plano mais inconsciente, com um ideal moderno, no plano mais consciente, gera o desmapeamento.

Se, de um lado, as pesquisadas mais jovens se iniciam mais precocemente, quase com a mesma idade dos jovens pesquisados, por outro, o número de parceiros sexuais é inferior ao dos homens. As que são virgens ou perderam a virgindade mais tarde parecem se perceber como desviantes. Os homens que afirmam ter poucas parceiras ou uma frequência sexual que acreditam estar fora da média também parecem se considerar desviantes. A presença significativa de respostas como "normal" indica que existe um padrão de comportamento sexual que deve ser seguido.

O fato de as pesquisadas se iniciarem mais cedo e permanecerem com um número inferior de parceiros, enquanto os homens continuam reafirmando a importância da quantidade de parceiras sexuais, parece indicar a convivência entre o moderno e o tradicional entre os pesquisados. Como lembra Figueira, há algumas décadas os limites eram claros. Agora o que se percebe é que as pessoas oscilam entre os modelos mais tradicionais e os mais modernos e não parecem estar satisfeitas com nenhum, encontrando-se em pleno reino da desorientação.

O que você mais inveja em um homem?

As respostas femininas para o que invejam em um homem podem ser classificadas como vantagens sociais (54 respostas), tais como "as inúmeras vantagens que ele ainda goza na sociedade, em termos de trabalho, distribuição das tarefas domésticas", "a possibilidade de fazer coisas sem ser julgado de forma tão dura quanto a mulher", "a liberdade de poder andar por onde quiser, sem correr o risco de estupro", "a liberdade que a nossa sociedade machista oferece aos homens", "a liberdade no que diz respeito ao comportamento sexual", "o poder de só ter dor de cotovelo durante uma semana e arranjar outra namorada rapidamente enquanto a mulher fica meses para esquecer o amor", "o fato de eles encararem o relacionamento como se fosse brincadeira", "homens geralmente não são inseguros como as mulheres e têm a capacidade de se saírem melhor de situações difíceis".

As mulheres também invejam o que pode ser chamado de vantagens corporais (52 respostas). Aqui é interessante destacar a referência ao modo masculino de "fazer xixi" que aparece em 15 respostas: "o modo como eles fazem xixi facilita a escolha do lugar" e "poder fazer xixi em qualquer lugar". O fato de os homens não menstruarem ou não sentirem dores relacionadas à menstruação é mencionado em 13 respostas. A força física é invejada por 5 mulheres. Outras características mencionadas são o fato de o homem "não precisar se depilar", "poder tirar a camisa no calor", "não ter seios", "chegar mais rápido ao orgasmo", ter "uma relação mais descomplicada com seu corpo".

Somente 26 homens responderam à questão "o que você mais inveja em um homem?". Doze respostas podem ser associadas a um modelo de masculinidade hegemônica (Kimmel, 1998): prestígio, inteligência, dinheiro, independência, sucesso, poder. Outras 6 respostas estão ligadas a aspectos físicos e 3 delas chamam a atenção por citarem partes do corpo de outro homem: "um corpo malhado", "um belo corpo" e "perna e bunda". As outras 3 são: "o fato de ele ter mais força física do que eu", "os olhos" e "a beleza".

Como observa Valle (2001), ao analisar as respostas das jovens pesquisadas, podem ser notadas duas formas de valorizar o corpo dos homens. Uma, por meio da oposição ao corpo natural: "não menstruar", "não ter celulite", "não ter cólica" e "não engravidar". A outra, por meio de uma crença feminina em determinadas vantagens tidas como intrínsecas ao corpo do homem, como "força física", "fazer xixi em pé" e "resistência". Observa-se, segundo a autora, que alguns elementos fisiológicos femininos, como menstruar, ter cólica e engravidar, são percebidos por elas de forma negativa. Respostas como "não ter celulite", "não precisar se depilar" e "facilidade em cuidar do corpo" revelam que as mulheres gostariam de se livrar dos sacrifícios exigidos para a construção de um corpo feminino. O corpo do homem, por não sofrer da mesma forma estas cobranças, aparece como objeto de inveja.

Ao observar as respostas em todas as faixas etárias, dos 17 aos 50 anos, percebe-se que 8 pesquisadas responderam que o que mais invejam em um homem é o "pênis", enquanto 3 pesquisados revelam que o que mais invejam em outros homens é o "pênis grande". Nenhuma mulher qualificou o pênis e nenhum homem disse simplesmente "pênis". Este dado pode indicar que as mulheres invejam a condição masculina privilegiada na sociedade, enquanto os homens invejam um símbolo de potência, força e virilidade.

O que você mais inveja em uma mulher?

As respostas sobre o que uma mulher inveja em outra podem ser divididas em características corporais e outras relativas à personalidade. No primeiro grupo encontra-se um total de 34 características apontadas, enquanto o segundo conta com 39.

Dos aspectos corporais citados, a beleza aparece como o atributo que as mulheres mais invejam em outra mulher, sendo mencionada em 8 respostas. O corpo também é invejado, em respostas que ora o qualificam, ora o colocam sem adjetivos – apenas "o corpo". Como exemplos têm-se as respostas "um corpo bem contornado" e, "sinceramente, o corpo de alguma gostosa sem celulite na bunda". Algumas partes também foram citadas, como "o bumbum", "uma pele bonita", "dentes perfeitos" e "um cabelo lindo e loiro".

O que mais chama a atenção nas respostas masculinas é que cerca de 40% dos pesquisados afirmam que não invejam nada nas mulheres. Alguns poucos (5 respostas) dizem invejar a capacidade de a mulher poder gerar e conceber um filho. Outro aspecto mencionado é o fato de a mulher "não fazer a barba".

Valle (2001) afirma que os homens expressam inveja citando características que tradicionalmente foram valorizadas como símbolos de feminilidade, como maternidade e gravidez. Valle agrupa as respostas mais citadas e cria tipos ideais de masculinidade e feminilidade. O modelo invejado de mulher, nas representações masculinas, é uma "mãe sensível". Nas representações femininas, é uma "bela mulher com um corpo bonito". O homem invejado por eles é aquele "inteligente e com poder econômico". Para elas, é um "homem livre e forte".

O que mais te atrai?

Ao perguntar às jovens o que é mais atraente em um homem, a maior parte responde o tórax, enquanto a maior parte dos jovens responde que o mais atraente em uma mulher é a bunda. Rodrigues (1979) destaca que a parte superior do corpo (como a cabeça e o tórax) é associada às forças intelectuais que caracterizam a sociedade humana em relação à natureza selvagem. A parte inferior do abdômen e a região genital formam uma área moralmente inferior, sede de forças poderosas que o intelecto deve ter o propósito de controlar. Assim, o tórax masculino estaria associado a algo superior, à cultura, enquanto a bunda feminina seria ligada a algo inferior, à animalidade, a forças da natureza que devem ser controladas.

Se você escrevesse um anúncio...

Ao se descrever para o anúncio proposto, as jovens citam 97 aspectos físicos. O cabelo é a característica mais citada nos questionários femininos (23 vezes). A cor que mais aparece é o "loiro". Freyre (1997) destacou, já na década de 1980, que o modelo feminino de cabelos loiros e lisos se tornou dominante na cultura brasileira, tendo como ícone Vera Fischer, que destronou a morena de cabelos cacheados, representada por Sônia Braga.

Em relação ao peso, tem-se 11 respostas: 5 mulheres dizem ser "magras", 3 citam o peso: "52 quilos", "58 quilos" e "60 quilos", e uma afirma ter "manequim 38". Não foram encontradas mulheres que se definem como gordas ou gordinhas.

Os jovens do sexo masculino destacam a altura em suas descrições: 6 homens se dizem altos, 5 descrevem sua altura, que vai de 1,74 metro a 1,85 metro. Não foi encontrada nenhuma resposta em que o pesquisado se define como baixo. O peso é mencionado apenas 4 vezes, e vai de 64 a 99 quilos. Três ressaltam em suas respostas o porte físico: "corpo físico atlético e bem-dotado", "bom porte físico".

Algumas respostas revelam a importância dada ao pênis e ao desempenho sexual: "bem-dotado" e "ativo (e heterossexual)". Apenas um homem diz ser "bonito", mas alguns destacam o fato de possuir um corpo "atlético".

Podemos observar alguns dados interessantes ao comparar as respostas masculinas e femininas para a proposta de anúncio. Enquanto as mulheres parecem considerar ser loira um valor, o mesmo não foi observado nos homens, já que a maioria dos que descrevem a cor dos seus cabelos dizem ser preto ou castanho-escuro.

Em relação à altura, nenhum homem afirma ser baixo e nenhum se descreve como menor do que 1,74 metro. É interessante destacar como a necessidade masculina de se apresentar como alto parece corresponder às expectativas femininas. Todas as pesquisadas afirmam procurar parceiros mais altos do que elas.

Outra diferença foi com relação ao peso. Enquanto as mulheres procuram chamar a atenção para a magreza, os homens apenas informam o peso. Mesmo as mulheres que citam o peso indicam um mínimo de 52 quilos e um máximo de 60 quilos, uma variação de 8 quilos. Já os homens têm uma variação entre o máximo (99 quilos) e o mínimo (64 quilos) de 35 quilos, o que pode ser um indicativo de que, no caso masculino, o peso não é considerado tão relevante quanto a altura. Eles se preocupam em mostrar que são altos e fortes.

A beleza é uma característica recorrente nos anúncios das mulheres jovens, já que em 16 respostas é mencionada. Dentre elas têm-se: "linda", "bonitinha", "bonitinha de corpo" e "bonita". Os homens, ao contrário, não parecem achar significativo o fato de serem ou não bonitos ao se descreverem a uma possível parceira, já que somente um deles se define desta forma.

Como exemplo, tem-se os seguintes anúncios:

"Eu sou magra, loira, cabelos longos e lisos, carinhosa e linda.

Procuro homem inteligente, de bom nível social, bem-humorado, alto, de corpo forte, másculo e muito *sexy*."

"Eu sou alto, moreno, corpo atlético, bem-dotado, inteligente e romântico.

Procuro uma mulher linda, compreensiva, carinhosa, gostosa, com bumbum arrebitado e seios grandes."

Quais as principais qualidades de uma mulher?

Entre as qualidades femininas apontadas por mulheres foram mencionadas 47 características relacionadas ao corpo. Dessas, 20 destacam a forma física, a beleza ou partes do corpo, como cabelos e seios. Outras 10 respostas se referem à sexualidade, como "gostosa", "safada na cama", "sensual", "que sinta prazer" e "*sexy*". O cuidado com o corpo é lembrado 10 vezes, como "saudável", "cuidadosa com o físico", "se cuidar", "higiene" e "não ser muito gorda". O último exemplo, "não ser muito gorda", merece atenção, pois demonstra, mais uma vez, a valorização da magreza feminina.

Entre as respostas masculinas, são encontradas 50 referências ao corpo: "beleza", "ser bonita", "corpo", "forma física", "bunda", "seios", "pernas", e 6 que valorizam a sexualidade feminina, como "*sexy*", "fogosa sexualmente" e "gostosa". A valorização do cuidado com o corpo aparece em 4 respostas, como "higiene" e "vaidade".

Ao serem questionadas sobre "Quais os principais defeitos de uma mulher?", as jovens destacam "feiura" em 7 respostas, ' desleixo" em 9 respostas e também "beleza maltratada" e "raiz do cabelo aparecendo". Essas respostas sugerem que, para as mulheres, ser bela, ou se fazer bela, é uma obrigação e a falta de cuidado com a beleza é mais do que uma falta: é culpa da própria mulher.

Da parte dos jovens, também aparece "feiura" como defeito feminino em 8 respostas, além de "ser oxigenada" e "gorda"

Quais as principais qualidades de um homem?

As mulheres pesquisadas destacam 52 atributos referentes ao corpo como qualidades masculinas. Sete jovens destacam a sexualidade, como "safado na cama", "sensualidade", "bom de sexo", "ser muito, muito *sexy*", "gostoso" e "boa performance física". Três respostas estão relacionadas à "virilidade" e à "força".

Nas respostas masculinas encontram-se 17 características referentes ao corpo: 5 delas valorizam a beleza, 3 a agilidade, força e forma física; e outras 4: "ser *sexy*", "ser atraente", "sensualidade" e "heterossexual".

Na questão "Quais os principais defeitos de um homem?", 7 pesquisadas respondem "feiura excessiva". As jovens criticam tanto o "desleixo", "ser relaxado, não se preocupar com a própria estética", quanto o "excesso de vaidade".

É interessante destacar que duas jovens consideram como defeito o pênis grande – "peru muito grande" e "pau grande" –, o que parece ir contra as expectativas masculinas. Ao comparar essas respostas às da pergunta "O que mais te atrai em um homem?", em que o pênis é citado 4 vezes, é possível pensar que o órgão sexual masculino pode até ser atraente para algumas das pesquisadas, mas o fato de ser grande não é necessariamente percebido como qualidade por elas. Já dois pesquisados apontam como defeito o "pau pequeno".

Tamanho é documento?

Ao lembrar sua infância e juventude em São João Nepomuceno, DaMatta (1997) destaca a importância do tamanho do pênis como uma fonte permanente de preocupação entre os rapazes. "Como algo visível e obviamente comparável, ele era o foco implícito do corpo nos vestiários e um ator importante em anedotas e histórias que constituíam os recursos básicos de nossa pedagogia sexual. Não era estranho ouvir relatos de concursos nos quais a rapaziada media o pênis, estabelecendo uma hierarquia entre seus donos. O pênis era um ator social a ser permanentemente testado, experimentado e consumido.

Como órgão central e explícito da masculinidade, como traço distintivo da condição de 'homem', o falo era um elemento permanente de consciência. De tal modo que não seria exagero afirmar que, naquela cultura, a masculinidade era representada e igualmente englobada pelo pênis. Ou seja: quem havia nascido homem, tinha de comportar-se como tal – com hombridade, com consistência, firmeza e certa dureza."

Barasch (1997) acrescenta que o pênis é o sinal visível da potência masculina, "sendo natural que os principais mitos girem em torno dele. O maior dos mitos refere-se ao tamanho. A crença de que 'quanto maior, melhor' ainda atormenta muitos homens que continuam vivendo o tormento trazido pelo fantasma do pênis pequeno, mesmo conhecendo a conclusão de diversos estudos de que o comprimento médio de um pênis adulto em estado de ereção varia de 12 a 18 centímetros e que metade dos homens possui pênis com comprimento de 12 a 16 centímetros, da base à extremidade, enquanto a outra metade tem pênis de tamanho menor ou maior do que esse".

Uma enquete realizada pelo site UolTeen pergunta "O que mais te atrai em uma pessoa?". Em 7.178 votos de meninos, temos, em primeiro lugar, "a beleza do rosto" (30%) e, em seguida, "o tamanho da bunda" (15%). Já nas respostas das 4.404 meninas, encontramos 23% dos votos para "a beleza do rosto" e 8% para "o tamanho do pênis".

No mesmo site é possível encontrar cartas de adolescentes, enviadas por e-mail para a seção Pronto-Socorro, onde a psicóloga Rosely Sayão responde a perguntas. Das cartas enviadas, dezenas são de adolescentes preocupados com o tamanho do pênis. Selecionei alguns trechos que demonstram que tamanho é documento para muitos deles.

"Oi Rosely, por favor, me tira uma dúvida que me enche o saco. Olha, tenho 13 anos e o pessoal do meu colégio vive me enchendo que japonês tem peru pequeno. Nunca viram, mas me sacaneiam. Nunca neurotizei com isso porque acho bobagem, mas agora estou ficando grilado: 13 centímetros é normal ou não para mim? Um beijão."

"Sou um garoto muito cobiçado aqui na minha cidade, e muitas garotas são a fim de ficar comigo e transar. Tenho 17 anos e ainda sou virgem, mas praticamente ninguém sabe disso. Tenho muita vergonha porque acho que meu pênis é pequeno: ele tem mais ou menos 14 centímetros, e para minha idade é pequeno. Tenho vergonha de tirar a roupa perto de meninas por isso. Vi em uma pesquisa que a média do pênis do brasileiro é mais ou menos 15 centímetros, mas por que todos que eu conheço têm de 17 centímetros para cima? Tenho medo de transar com uma menina e ela espalhar o fato. Obrigado pela atenção e até mais."

"Eu gostaria de saber qual é o tamanho, em média, de um pênis, e até que idade ele se desenvolve. E sabe aquele aparelho que tem uma bombinha? Ele funciona para aumentar o tamanho do pênis? Me tira esse grilo, pois acho que meu pênis não é o suficiente. Valeu!"

Uma enquete no mesmo site comprova esta preocupação ao perguntar: "Se pudesse fazer uma mágica, o que você mudaria em seu corpo?" Dos 5.487 votos dos meninos, as principais respostas foram: "Teria o corpo todo malhado" (28%), "aumentaria o tamanho do meu pinto" (24%), "não mudaria nada, deste jeito está bom" (14%).

Já dos 3.515 votos das meninas, as respostas foram: "teria o corpo todo malhado" (32%), "aumentaria o tamanho dos seios" (12%), "diminuiria a quantidade de pelos no corpo" (10%) e "aumentaria o tamanho da bunda" (7%). Apenas 7% disseram que "não mudaria nada, deste jeito está bom". Se os jovens querem ser fortes e musculosos, e, principalmente, viris, com o pênis grande, as jovens querem ser magras e bonitas, sendo mais propensas a modificar o corpo por meio de cirurgias plásticas.

A obsessão das jovens com o peso gerou uma cultura da magreza que tem uma de suas manifestações mais perversas na proliferação de sites na internet que incentivam a anorexia. Reportagens da *IstoÉ* (25/10/2002) e da *Veja* (11/2/2004) revelaram que um exército de adolescentes está usando a internet para ensinar outras jovens a se tornarem anoréxicas, pregando a inapetência e a autopunição sempre que comerem. As matérias mostram fotografias assustadoras de meninas esquálidas apontadas como modelos de beleza, dicas para enganar os pais e amigos fingindo que estão alimentadas e formas de se punir caso comam algo que engorda. Dezenas de sites divulgam mandamentos como: "Você não deve comer sem se sentir culpada. Você não deve comer algo que engorda sem se punir depois. Ser magra é mais importante do que ser saudável. Você nunca está magra demais. Ser magra é a coisa mais importante que existe." Outras dicas são: "Não engula! Morda, mastigue e jogue fora! Durma pouco. Dessa forma você queima mais calorias. Limpe banheiros ou ambientes bem sujos. Você perde a fome. Diga que você vai comer no quarto e jogue a comida fora. Em casa, diga que vai comer com os amigos. Aos amigos, você diz que já comeu em casa. Guarde laxantes e remédios para emagrecer em um lugar bem escondido. Na hora de vomitar a comida, não faça igual a uma retardada saindo direto da mesa para o banheiro. Ajude sua mãe a tirar a mesa e diga que vai tomar um banho. Ligue o chuveiro e faça o mínimo de barulho possível."

A dominação masculina na juventude

Em *A dominação masculina* Bourdieu (1999) afirma que os homens tendem a se mostrar insatisfeitos com as partes de seu corpo que consideram pequenas demais. As mulheres dirigem suas críticas às regiões de seu corpo que lhe parecem grandes demais. Bourdieu acredita que a dominação masculina, que constitui as mulheres como objetos simbólicos, tem por efeito colocá-las em permanente estado de insegurança corporal. Ou melhor, de dependência simbólica: elas existem primeiro pelo, e para, o olhar dos outros, como objetos receptivos, atraentes, disponíveis. Delas se espera que sejam femininas, isto é, sorridentes, simpáticas, atenciosas, submissas, discretas, contidas ou até mesmo apagadas. Neste caso, ser magra contribui para esta concepção de ser mulher. Sob o olhar dos outros, as mulheres se veem obrigadas a experimentar constantemente a distância entre o corpo real, a que estão presas, e o corpo ideal, o qual procuram infatigavelmente alcançar.

Por outro lado, como lembra Bourdieu, a estrutura impõe suas pressões aos dois termos da relação de dominação. Portanto, os próprios dominantes são também dominados, fazendo um "esforço desesperado, e bastante patético, mesmo em sua triunfal inconsciência, que todo homem tem que fazer para estar à altura de sua ideia infantil de homem". No caso estudado, a preocupação com a altura, com a força física, potência, poder, virilidade e com o tamanho do pênis pode ser vista como exemplo desta dominação que o dominante também sofre.

Bourdieu ajuda a perceber que exigências terríveis a respeito de um determinado modelo de corpo escravizam não apenas as mulheres, mas também os homens.

4
Compromissos não obrigatórios nas camadas médias urbanas

Quando se pensa nos conceitos de família e de casamento, percebe-se facilmente que eles não se aplicam mais aos novos arranjos conjugais presentes na sociedade brasileira. A emergência de novas formas de relações entre os sexos ocorreu principalmente nos anos 1970, considerados como uma "década devoradora de padrões" (Goldani, 1994). Ainda que permaneça dominante o modelo nuclear conjugal, surgiram versões inéditas de conjugalidade. E os indivíduos das camadas médias urbanas foram os que primeiro buscaram alternativas fora dos padrões institucionalizados.

Dois fenômenos recentes, de acordo com Shorter (1975), enfraqueceram a força da união permanente. Um deles foi a intensificação da vida erótica do casal: como o apego sexual é notoriamente instável, os casais que priorizam tal base se separam mais facilmente. Outro, o fato de que as mulheres se tornaram mais independentes economicamente, podendo romper com as uniões indesejadas. As mulheres que trabalham, diz Shorter, têm consideravelmente mais poder – e maior sentido de autonomia pessoal – do que as que não trabalham. Com a capacidade de se sustentarem veio a possibilidade de serem livres, como acreditava Simone de Beauvoir.

Há um grande debate sobre uma possível crise da família e do casamento na sociedade brasileira. O que está ocorrendo é, na verdade, a multiplicidade e flexibilização dos atuais arranjos conjugais (Vaitsman, 1994). Assim, o que estaria em crise seria uma determinada forma de família e de casamento. Como o modelo hegemônico permanece como um valor enraizado em cada um, muitos dos que vivem outros tipos de relacionamento conjugal sentem-se, ainda hoje, desviantes. A pluralidade de formas de casamentos e famílias existente em nossa cultura (Durham, 1983) demonstra que homens e mulheres continuam querendo casar e constituir famílias, sem, no entanto, reproduzir o modelo tradicional de conjugalidade.

Neste texto analiso as respostas de 1.279 pesquisados das camadas médias urbanas cariocas para as seguintes questões: Quais são as representações masculinas e femininas sobre o modelo ideal de casal? Quais são os principais problemas enfrentados em um relacionamento conjugal? Quais são os conflitos e as contradições entre o desejado e o vivido? Quais são as concepções masculinas e femininas sobre infidelidade?

Novas conjugalidades: desejos e conflitos

Na questão "Descreva como você imagina um modelo ideal de vida de um casal" 83% das pesquisadas e 76% dos pesquisados respondem com elementos associados ao amor romântico, o que demonstra que mulheres e homens compartilham estes ideais. Comportamentos e valores que fazem parte de uma relação que pode ser chamada de igualitária aparecem, depois dos românticos, como os principais componentes de um modelo percebido como ideal por mulheres (55%) e homens (52%). Em seguida, aparecem valores e comportamentos que chamo de simbióticos, diretamente relacionados aos ideais românticos da "cara-metade", como companheirismo, cumplicidade e dedicação, com projetos e interesses comuns, interdependência ou complementaridade entre os cônjuges. Mas as mulheres (40%) mais do que os homens (31,5%) destacam tais valores. Homens e mulheres valorizam a liberdade e a individualidade em seus relacionamentos (16%). Por último, cerca de 10% dos homens e mulheres fazem menção à vida sexual satisfatória no modelo ideal de casal. Os homens destacam a quantidade e frequência de relacionamentos sexuais e as mulheres enfatizam o envolvimento afetivo com o parceiro.

Por meio destas categorizações mais amplas, podem ser percebidas diferenças significativas nas respostas de homens e mulheres. Apesar de ambos compartilharem os valores associados ao amor romântico, se os agruparmos às ideias e aos comportamentos simbióticos (que podem ser percebidos como próximos aos românticos), percebe-se que as mulheres enfatizam bem mais do que os homens seu peso em um relacionamento. Se, por outro lado, agruparmos os valores que enfatizam a liberdade, individualidade e sexualidade, são os homens que os priorizam.

Ao detalhar ainda mais a análise das respostas, percebemos que, nos ideais românticos, homens e mulheres querem um relacionamento com amor, sinceridade, honestidade, amizade e confiança. As mulheres dão mais valor à fidelidade do que os homens, que valorizam mais a felicidade em suas respostas. A rotina é uma queixa que aparece mais nas respostas femininas do que nas masculinas. A paixão é apontada por ambos, porém, comparativamente, é encontrada com mais frequência nas respostas masculinas. Somente nas femininas aparecem intimidade, romantismo, admiração e segurança.

É interessante destacar que o papel dos filhos é muito reduzido nas respostas. Poucos homens e mulheres respondem que um modelo ideal de casal deveria ter filhos e alguns destacam que o modelo ideal seria sem filhos.

Entre os valores igualitários, o mais citado por homens e mulheres é o respeito. Os homens ressaltam mais a compreensão do que as mulheres, enquanto estas apontam, mais do que eles, o diálogo como fundamental. Homens e mulheres querem um relacionamento com harmonia, sem cobranças e sem brigas. Os homens parecem considerar mais importante do que as mulheres o fato de ambos trabalharem e estarem satisfeitos profissionalmente.

No conjunto de respostas que enfatizam a liberdade e a individualidade na vida de um casal aparecem valores que, comparados aos expostos anteriormente, são os que trazem os elementos mais novos e que, associados àqueles, geram os paradoxos e as contradições existentes no modelo ideal descrito pelos pesquisados. Para homens e mulheres, em um modelo ideal de vida de um casal deve haver independência financeira de ambas as partes, assim como a preservação da individualidade e o respeito à privacidade de cada um. Respostas como liberdade e casas separadas, que comparativamente aparecem mais entre os homens do que entre as mulheres, mostram a ênfase dada por eles a esta característica. Nesse conjunto de respostas também é curioso verificar que algumas mulheres respondem que o modelo ideal é aquele em que cada um tenha seu espaço ou ainda que mesmo dividindo a mesma casa tenham banheiros separados.

Quando a questão é sobre os problemas que efetivamente vivem ou viveram em seus relacionamentos amorosos, o discurso de homens e mulheres parece mais sintonizado. Nas respostas para a questão "Quais os principais problemas que você vive ou viveu em seus relacionamentos amorosos?", tem-se que o principal problema para ambos os sexos é o ciúme. A infidelidade aparece como o segundo maior problema encontrado nas respostas femininas e o terceiro nas masculinas.

Para a questão "Para você, o que é ser infiel?", a principal resposta feminina é "trair a confiança do parceiro". O que pode significar desde ficar ou beijar outra pessoa, ter relações sexuais ou simplesmente estar interessado em alguém. O que parece estar presente na resposta é a ideia de que a infidelidade consiste em romper um pacto estabelecido (implícita ou explicitamente) pelos parceiros. A segunda resposta feminina é "estar com uma pessoa e transar com outra". A infidelidade é ter um relacionamento sexual fora do casamento ou do namoro. Em seguida, aparece mentir, desrespeitar o parceiro, desejar outra pessoa, trair a si mesmo, estar insatisfeita com o relacionamento, estar com alguém sem amar.

A principal resposta masculina é "estar com uma pessoa e transar com outra", seguida de trair a confiança do parceiro, mentir, desejar outra pessoa, trair a si mesmo e desrespeitar o parceiro.

A ideia de que ser infiel é mentir para o parceiro também foi encontrada por Béjin (1987) ao analisar o ideal moderno de conjugalidade. O autor afirma que, hoje, entre parceiros, não se deve esconder nada, deve-se dizer tudo, revelar as infidelidades. É o que Foucault (1988) chama de necessidade da confissão, peculiar ao Ocidente moderno: tarefa quase infinita, de dizer – a si mesmo e a outrem –, o mais frequentemente possível, tudo o que possa se relacionar com o jogo dos prazeres, sensações e pensamentos inumeráveis que, através da alma e do corpo, tenham alguma afinidade com o sexo.

Salem (1987) analisa essa "lógica confessional" nos jovens casais por ela estudados, que recusam as noções de traição e infidelidade, sem, no entanto, deixarem de lado a aspiração a uma exclusividade sexual. Para a autora, a arte de discutir a relação no diálogo conjugal adquire papel proeminente. O casal se pensa em estado permanente de reestruturação e um relacionamento extraconjugal pode ser visto como um momento de reflexão e transformação.

Liberdade ou simbiose?

Nos discursos dos pesquisados, percebe-se uma contradição no modelo de casal desejado. Apesar de demonstrarem o desejo de casar ou viver um relacionamento afetivo estável, duradouro e monogâmico, também revelam o desejo de uma relação em que "cada um viva em sua casa" ou "com quartos e banheiros separados", com independência econômica, liberdade e privacidade. Pode-se dizer que, ao contrário de uma total ruptura com antigos modelos de casamento, o que se vive hoje é um processo de convivência, muitas vezes conflituoso, entre comportamentos e valores tradicionais e aqueles considerados modernos.

Ideais tradicionais aparecem nas respostas masculinas e femininas ao lado de outros mais modernos, que valorizam a igualdade, a liberdade e a individualidade nos relacionamentos. Ao mesmo tempo que reivindicam liberdade, privacidade, espaço, independência e autonomia, ressaltam valores simbióticos como sinceridade absoluta, cumplicidade, interdependência e complementaridade. Queixas diretamente relacionadas ao ciúme e possessividade, como "controle excessivo por parte do parceiro", "cobranças", "invasão de espaço", "falta de privacidade", aparecem, no material analisado, junto a outras como "falta de sinceridade", "falta de companheirismo", "falta de intimidade".

Cabe, então, perguntar: Como conciliar sinceridade absoluta e cumplicidade com respeito à privacidade e à individualidade? Como combinar, em um mesmo relacionamento, o desejo de compromisso com o de preservação dos espaços individuais?

Os dados da pesquisa revelam que os ideais românticos, que foram e continuam sendo uma das marcas registradas da cultura ocidental, resistem à mudança, insistindo em permanecer os mesmos em um mundo que se tornou outro. Exigências novas trazidas pelo processo de individualização, que se impõem através da disseminação do discurso psicanalítico, chocam-se com os ideais de amor romântico, entre os quais estão muitos dos requisitos simbióticos apontados.

Os pesquisados têm uma série de expectativas relacionadas à união, entre as quais se destacam: compreensão, compromisso, apoio (afetivo, psicológico, econômico), convivência cotidiana, intimidade, diálogo, respeito, reciprocidade. Há uma expectativa de fidelidade mútua, o que coloca a traição como um problema na maioria das vezes insuperável.

Os pesquisados também destacam a importância de preservar seus próprios centros de interesse, que, com frequência – particularmente para os homens –, ocupariam mais tempo do que os do casal. Como resultado, a palavra "cobrança" é bastante utilizada pelos homens que não querem ser tolhidos em seus interesses individuais em função daqueles do casal. Pode-se perceber uma "cultura do eu", fortemente influenciada pela disseminação e vulgarização de um discurso psicanalítico. Busca-se uma individuação extrema (autorrealização, autossatisfação, autoprazer, liberdade, espaço) dentro do relacionamento amoroso. Assim, as ideias de que tudo é separado e, ao mesmo tempo, tudo é compartilhado são potencialmente explosivas para o casal.

Como são as mulheres que mais enfatizam os ideais de amor romântico e o desejo de um relacionamento simbiótico, e os homens os que mais valorizaram a liberdade e a independência, pode-se sugerir que o modelo ideal de relacionamento para as mulheres é aquele resumido na fórmula de dois indivíduos se tornando um casal, com projetos e interesses comuns, enquanto os homens estão mais próximos da ideia da convivência de dois indivíduos que permanecem com interesses e projetos separados.

Como são vivenciados esses comportamentos e valores associados aos ideais românticos conjuntamente a outros individualistas, que enfatizam a liberdade e o espaço próprio? A permanência do amor romântico como ideal de felicidade em um momento em que este passou a ser visto como qualquer outro sentimento (ou sensação) a ser experimentado e descartado pela cultura do consumo parece ser, como acredita Costa (1998), um dos paradoxos da atualidade e um dos principais problemas para os novos arranjos conjugais.

Os homens são (sempre) os culpados!?

> Para certas pessoas, dançar com alguém que não seja o próprio parceiro é traição; para outras, ir para a cama é que faz diferença, tudo mais podendo passar impune. Se não tivéssemos nossas próprias regras, como poderíamos saber se estávamos sendo infiéis?
>
> Adam Phillips

Desde 1988 venho fazendo pesquisas que têm como foco a infidelidade na cultura brasileira. Nos livros *A Outra*, *Infiel* e *Por que homens e mulheres traem?* busquei analisar a infidelidade masculina e feminina, a partir dos dados encontrados em pesquisas qualitativas e quantitativas realizadas com homens e mulheres das camadas médias cariocas.

Apesar de hoje existir uma maior igualdade de gênero, que pode ser verificada na tendência de homens e mulheres terem sua primeira relação sexual com idades próximas, ainda existe uma dupla moral sexual, que estimula a variedade de experiências sexuais para os homens e exige um maior controle do comportamento sexual feminino.

Quanto à quantidade de parceiros sexuais, além de as mulheres terem um número menor do que os homens, o que mais chama a atenção é a imprecisão encontrada nas respostas masculinas. As respostas femininas foram muito precisas, contrastando fortemente com as masculinas.

Outro dado da pesquisa merece destaque: 60% dos homens e 47% das mulheres afirmam já terem sido infiéis. Nota-se que, apesar de aparentemente não estarem tão distantes nesta questão, os motivos que os levam à traição são muito diferentes. Os homens dizem trair por "atração física", "vontade", "tesão", "oportunidade", "galinhagem", "é um hobby", "testicocefalia", "é da natureza masculina", "instinto", "vocação". Já as mulheres alegam "insatisfação com o parceiro", "falta de intimidade", "para levantar a autoestima", "vingança", além de um número significativo de mulheres que traem porque não se sentem mais desejadas pelos parceiros.

Quando peço para os homens responderem o que *todo homem é*, eles dizem "machista", "galinha" e "infiel". As mulheres afirmam que, além de "galinha", "machista" e "infiel", eles também são "canalhas", "mentirosos" e "safados". É interessante destacar que as principais características masculinas apontadas, tanto pelos pesquisados quanto pelas pesquisadas, são voltadas para uma sexualidade exacerbada e para a traição. As pesquisadas também apontam como problemas no relacionamento a infidelidade, o machismo e a indiferença, além de inúmeras faltas masculinas (de diálogo, de respeito, de confiança, de sinceridade, de compreensão, de companheirismo, de cumplicidade, de tempo, de intimidade, de romance etc.), como justificativas para o fato de terem sido infiéis.

Pode-se notar que os homens justificam suas traições por meio de uma suposta natureza, essência ou instinto masculino. Já as mulheres infiéis parecem dizer que seus parceiros, com suas faltas e galinhagens, são os verdadeiros responsáveis por suas relações extraconjugais. Ou seja, no discurso dos pesquisados, a culpa da traição é sempre do homem: seja por sua natureza incontrolável, seja por seus inúmeros defeitos no que diz respeito ao relacionamento.

Se é inquestionável que, nas últimas décadas, houve uma profunda mudança nas relações conjugais, pode-se verificar que, na questão da infidelidade, ainda parece existir um privilégio masculino: ele é o único que se assume como sujeito da traição. A mulher, mesmo quando trai, continua se percebendo como uma vítima, que no máximo reage à dominação masculina.

5
Laços de família: novas conjugalidades na novela das oito

"A Zona Sul carioca é famosa por hospedar um estilo de vida mais liberal do que o do resto do país. Por essa razão, costuma ser o cenário de novelas que lidam com temas tabus. Manoel Carlos preferiu ambientar 100% de sua atual novela no bairro carioca do Leblon, onde mora há 31 anos. Ou, para ser mais exato, em seu quarteirão. Toda a ação de *Laços de família* se passa nas cercanias do apartamento de Manoel Carlos e nos lugares que ele frequenta" (*Veja*, 10/1/2001).

A mídia impressa e a televisão vêm retratando mudanças de comportamento que a produção acadêmica nem sempre consegue acompanhar na mesma velocidade. Um dos temas mais debatidos pelos especialistas e amplamente divulgado pelos meios de comunicação de massa é a crise ou o enfraquecimento do casamento e da família brasileira. Pretendo analisar como esta questão foi retratada na novela *Laços de família*, exibida em horário nobre pela TV Globo no ano de 2000.

Laços de família pode ser vista como um reflexo dos comportamentos afetivo-sexuais existentes em nossa sociedade. Nela aparecem dramatizados desejos, valores, expectativas e conflitos encontrados não apenas entre os moradores do Leblon, bairro onde acontecem as principais cenas da novela.

"Os índices de audiência demonstram que *Laços de família* não agrada apenas no Leblon, mas no Brasil inteiro. Prova de que, apesar de o Rio de Janeiro às vezes parecer avançado demais em questões de comportamento, o país ainda é fascinado pela paisagem e pelo jeito de ser da mais charmosa cidade brasileira" (*Veja*, 10/1/2001).

Manoel Carlos enfatiza que *Laços de família* retrata o cotidiano dos moradores da cidade do Rio de Janeiro, tendo como cenário o bairro do Leblon, com sua praia, restaurantes, livraria, prédios. As matérias destacam o estilo do autor: o realismo. Os locais frequentados pelos personagens são os mesmos a que o autor costuma ir, divulgando, inclusive, a salada de atum da livraria Dom Casmurro (na verdade, sua salada predileta na livraria Argumento, também no Leblon). A protagonista, Vera Fischer, no último capítulo, brinca com esta mistura de realidade e ficção, dizendo: "Parece que minha vida é uma novela."

"'O sujeito que acompanha as minhas tramas gosta de reconhecer ali situações parecidas com as que ele vive e personagens semelhantes aos seus próprios parentes. Eu me empenho para que ele não se decepcione' diz Manoel Carlos. A pesquisa qualitativa sobre *Laços de família* encomendada pela Globo demonstra que o autor acerta em cheio ao aproximar a novela do cotidiano mais comezinho. Segundo esse levantamento, uma das maiores razões para o sucesso do folhetim é o fato do espectador achar a trama verossímil e os personagens críveis" (*Veja*, 10/1/2001).

Esse realismo foi incrementado com as fofocas, estampadas nas capas de inúmeros jornais e revistas, sobre os beijos ardentes entre o galã Reynaldo Gianecchini e Vera Fischer nas primeiras cenas gravadas. Os boatos ficaram mais explosivos porque Gianecchini, com 27 anos na época, era casado com a jornalista Marília Gabriela, 25 anos mais velha do que ele.

As notícias ressaltavam a coincidência: duas loiras famosas, muito mais velhas, disputando um galã iniciante, o que garantiu uma boa divulgação da novela. Convém lembrar que Vera Fischer tem sido personagem bastante presente nos jornais e revistas. Manchetes sobre escândalos e a perda da guarda de seu filho devido ao uso de drogas e bebidas, para Felipe Camargo, também ator e muito mais jovem do que ela, acompanham Vera Fischer durante muitos anos. Agressão a empregadas, regimes para emagrecer, namorados mais jovens, lipoaspiração, silicone nos seios, cenas de nudez e alcoolismo em boates são alguns dos motivos pelos quais ela está permanentemente na mídia.

Manoel Carlos afirmou que o papel da protagonista Helena foi escrito especialmente para ela.

"Eu fiz a Helena para a Vera Fischer. Precisava de uma mulher que aparentasse uns 45 anos e que tanto possa apaixonar um rapaz de 20 anos como um de 50, 60. Por isso, eu disse para a Marluce (diretora-geral da Globo): 'Se a Vera Fischer não puder fazer a novela, eu não faço essa novela. Porque essa história eu só faço com ela', conta Manoel Carlos" (*Folha de S. Paulo,* 11/3/2001).

As camadas médias urbanas na novela

"A vida de alguns moradores do bairro carioca do Leblon – onde vive o autor – conseguiu as maiores audiências da Globo dos últimos anos. Claro que houve diversos fatores para explicar tamanho sucesso. Primeiro, a acertada escolha da sempre polêmica Vera Fischer como a protagonista Helena – como a supermãe e a supermulher, linda e desejada por todos. Com os beijos ardentes que trocava com o personagem de Reynaldo

Gianecchini no início da novela, chegou a levantar rumores de que estaria tendo um caso com ele, ajudando a levantar o Ibope" (*Folha de S. Paulo*, 4/2/2001).

Helena, personagem de Vera Fischer, em alguns momentos aparece como viúva, apesar de nunca ter sido legalmente casada, ou como mãe-solteira. Tem dois filhos adultos: Camila e Fred, um jovem casado com Clara, que tem uma filhinha pequena. Fred e Clara vivem brigando e acabam se separando. Fred se apaixona por Capitu, sua primeira namorada. Helena tem 44 anos (na vida real, Vera Fischer tinha 49 anos), e mora com a empregada, Zilda, em um prédio do Leblon.

No mesmo andar de Helena, mora Capitu e sua família. Capitu é garota de programa e mãe de um bebê. Seu pai, Paschoal, é revisor e sua mãe, Ema, costureira. Capitu sustenta financeiramente a família com seus programas, sem que os pais saibam de onde vem o dinheiro. Outra garota de programa, Simone, também mora na casa, dividindo com ela um quarto apertado. O pai do filho de Capitu, Maurinho, envolvido com traficantes, só aparece para chantagear, brigar e roubar. Orlando, um dos clientes de Capitu, é obcecado por ela, chegando a lhe montar um apartamento depois que seus pais descobrem sua verdadeira ocupação. Capitu é a personagem que mais sofre acusações de desvio (dos pais e de Clara) e violências físicas (de Orlando e Maurinho).

No outro apartamento do mesmo andar mora um casal mais velho, sem filhos: um ator de teatro infantil, Onofre, muito magrinho, com sua mulher obesa, Ofélia, cantora de ópera.

Helena é esteticista e sócia de uma clínica no Leblon, onde sua melhor amiga, Yvete, é gerente. Yvete é casada com Viriato, uma espécie de quebra-galho da clínica, e tem uma filha, Raquel. Viriato é impotente, e a novela mostra as tentativas do casal para solucionar o problema (medicamentos, hipnose, fetiches, terapia etc.). O fato de Yvete ganhar mais e ter um trabalho de maior prestígio é apontado como a causa da impotência do marido. O outro sócio da clínica é Laerte, um médico que cria um filho sozinho depois que foi abandonado pela mulher. Ele namora Antônia, assistente da clínica.

Logo no início da novela, Helena, que está falando ao celular enquanto dirige, bate o carro no de Edu. Os dois se apaixonam e vivem um intenso romance, até que Camila, filha de Helena, descobre que está apaixonada por Edu. Helena, apesar de amá-lo, rompe com ele para que a filha possa ser feliz. Na primeira relação sexual com Edu, Camila engravida. Logo após o casamento, Camila perde o bebê e descobre que está com leucemia.

Edu, médico recém-formado, vive em uma mansão na Barra da Tijuca com a irmã, Estela, e a tia, Alma. Edu e Estela, quando crianças, perderam os pais em um acidente e foram criados pela tia. Alma está em seu quarto casamento, após ficar viúva de três maridos. Seu atual marido, Danilo, é muito mais jovem do que ela. Danilo não trabalha e passa o dia inteiro na piscina, tomando champanhe, fumando charutos e assediando a empregada, Rita, que acaba engravidando dele. Rita morre durante o parto de gêmeos, que serão criados por Alma e Danilo.

Outro personagem é Miguel, viúvo com dois filhos adolescentes. Miguel é apaixonado por Helena. Um de seus filhos, Paulo, tem problemas de fala e locomoção bastante sérios por ter sofrido um acidente de carro em que sua mãe morreu (o ator Flavio Silvino, que na vida real sofreu um acidente, interpreta Paulo). A outra filha, Ciça, é uma adolescente rebelde. Durante alguns meses Miguel e Helena namoram, até que ela rompe com ele, porque pretende ter outro filho com Pedro.

Pedro, o administrador do haras de Alma, é um homem rústico que afirma que gosta mais de cavalos do que de gente. Primo de Helena, foi seu namorado na adolescência. Fruto deste namoro, nasceu Camila. Só que nem Pedro nem Camila sabem do fato. Camila acredita que o pai morreu e Pedro acha que nunca teve ou terá filhos. Foi casado e se separou da mulher, Sílvia, dona de uma floricultura. Helena tem uma única relação sexual com ele com a intenção de engravidar e tentar salvar Camila, que precisa de um doador de medula para não morrer. Um filho do mesmo pai e da mesma mãe teria 30% de chance de ser compatível com a irmã.

A vilã da novela é Íris, uma adolescente apaixonada por Pedro, irmã de Helena por parte de pai. Íris morava em uma fazenda no Rio Grande do Sul. O pai Aléxio, muito velho, morreu de câncer. A mãe, Ingrid, segundo casamento de seu pai e muitas décadas mais jovem do que ele, foi assassinada, em um assalto no Rio de Janeiro. A novela dá bastante destaque para os conflitos entre as filhas e as mães (Camila e Helena, Íris e Ingrid, Capitu e Ema) e o pai (Ciça e Miguel).

Pedro, disputado por várias mulheres, sente forte atração sexual por Cíntia, a veterinária do haras. Uma mulher de 30 anos, que mora com a mãe, Olívia, viúva que se casou novamente com um amigo do primeiro marido, Eládio. Cíntia é paquerada por Alex, seu sócio, e Romeu, um *personal trainer.*

Outro personagem é Severino, empregado do haras, que namora Socorro, mas no final da novela desiste porque ela é "moça de família" e procura a cama de Martinha, outra empregada do haras. Outros coadjuvantes são as clientes da clínica de estética (que contam seus casos com homens mais jovens), as empregadas da clínica (que reclamam o tempo todo de falta de homem e buscam namorados na internet), a gerente Ana e os demais empregados da livraria de Miguel.

A protagonista da novela, Helena, aparece como uma mulher forte e independente, que criou seus filhos sem o apoio de um homem. Ela sintetiza a força e a independência de outras mulheres da novela, como Cíntia e Yvete. Cíntia vive sua atração sexual por Pedro, apesar de saber que os dois não terão futuro juntos. Yvete passa a novela toda lutando para Viriato resolver seu problema de impotência, o que consegue no final. Helena vive suas paixões por Edu, Pedro e Miguel.

A ideia de que homens e mulheres trabalham e são independentes financeiramente é muito presente na novela. Quando isso não ocorre, como no caso de Clara, que não consegue arranjar um emprego e sonha ser sustentada por um marido rico, ou no de Danilo, que não trabalha e é sustentado pela mulher, aparece como um desvio, quase caricatural, que ajuda a fortalecer a norma de que os dois devem trabalhar.

A polêmica rendendo Ibope

"Em *Laços de família*, todo mundo faz sexo o tempo todo – Capitu com Fred na sala de visitas, Danilo com Ritinha no quarto de empregada e Pedro com Cíntia e Helena, na grama e na cama de seu haras-abatedouro. Além disso, todo mundo briga o tempo todo, o que enseja cenas de certa violência. O juiz Siro Darlan, da 1ª Vara de Infância e Juventude do Rio de Janeiro, que adora aparecer na imprensa, achou que não poderia haver crianças convivendo num ambiente onde só se falava 'naquilo' e volta e meia rolavam sopapos. Por isso, proibiu que menores de idade aparecessem nas gravações. O veto durou três semanas, até que os advogados da Globo derrubassem a medida. O conteúdo da novela irritou também a Arquidiocese do Rio de Janeiro, que se recusou a ceder uma igreja para o casamento de Camila e Edu. Por último, a Justiça determinou que *Laços de família* não poderia ir ao ar antes das 21 horas. Tanta confusão, é claro, acabou atraindo ainda mais espectadores" (*Veja*, 10/1/2001).

Desde o início, *Laços de família* rendeu boas polêmicas. Primeiro com a exploração do possível *affair* entre os protagonistas, discutindo o caso de mulheres mais velhas terem namorados muito mais novos e a disputa de mãe e filha pelo mesmo homem. Depois por colocar uma garota de programa como uma boa mãe e filha, moradora de um prédio do Leblon.

"Segundo o juiz (Siro Darlan), a Globo errou por expor o elenco mirim a uma trama carregada de traições, desentendimentos familiares e sexo. 'O namorado da mãe também é namorado da filha. Que efeito uma família dessas tem sobre a criança?'" (*Época*, 20/11/2000)

Um retrato do impacto da novela aparece na matéria "O que é isso, mamãe?", na revista *Veja* (11/10/2000), que aborda os constrangimentos dos pais em função das perguntas dos filhos. "Depois que as pessoas namoram, elas precisam pagar?", "O que é ser impotente?", "Um homem pode namorar a mãe e depois namorar a filha?", "Os homens precisam ser mais velhos para namorar as mulheres?", segundo a matéria, são algumas das perguntas feitas com frequência pelas crianças.

Não foi à toa que a novela mereceu a capa da *Veja* (10/1/2001), com a seguinte manchete: "Nos laços da novela: Por que 32 milhões de brasileiros assistem à novela das oito da Globo, o maior sucesso da televisão nos últimos anos."

"Prostitutas são comuns em telenovelas. Mas é a primeira vez que aparece uma que poderia ser irmã, prima ou filha do espectador de classe média. Essa é a razão da polêmica que Capitu levantou logo nos primeiros capítulos. No caso de Capitu, Manoel Carlos lançou mão de um truque para angariar a simpatia dos espectadores. No início, ela parecia ser uma moça fútil, que se prostituía para comprar roupas de grife e frequentar restaurantes caros. Como isso causava certa desconfiança em relação à personagem, o autor a transformou em uma mulher capaz de sacrificar-se em favor do filho pequeno e dos pais idosos. Bingo! Não há como não gostar de Capitu."

As polêmicas sobre a proibição de atores menores de 18 anos atuarem na novela e sobre a posição da Arquidiocese do Rio de Janeiro, que não permitiu que fossem gravadas cenas de casamento nas igrejas da cidade, só fizeram o Ibope subir e mantiveram a novela nos noticiários dos principais jornais e revistas do país. Editoriais de *O Globo* e do *Jornal Nacional* condenaram a "volta da censura". Inúmeros jornalistas escreveram sobre o tema.

"Não é isso o que dizem diversos estudos sobre televisão. Eles mostram que as novelas estabelecem uma agenda para debates domésticos sobre temas como sexualidade, infidelidade ou divórcio. Mas não têm o poder de mudar o comportamento dos espectadores. Até porque a esmagadora maioria dos brasileiros vive muito, muito longe do microcosmo em que a maior parte dos folhetins é encenada: a Zona Sul do Rio de Janeiro, cujo padrão moral é bem mais elástico do que a média nacional" (*Veja*, 22/11/2000).

Manoel Carlos afirma que o que ocorreu foi uma censura, "por enquanto é uma censura que se diz protetora da família, mas logo será defensora do Estado, como no tempo da ditadura. Vão cair em cima dos filmes, das peças de teatro, dos livros. Estão todos saudosos da ditadura" (*Época*, 20/11/2000).

As medidas judiciais geraram uma ampla mobilização de artistas consagrados, que fizeram manifestações públicas contra a volta da censura no país. O juiz Siro Darlan, que considera que o enredo de *Laços de família* "destrói os valores da família", foi ridicularizado pela mídia, considerado alguém que faz tudo para aparecer ou um ressentido porque a Globo não contratou seu filho como ator.

A novela se tornou notícia, da ficção à vida real. A protagonista Vera Fischer e outros atores foram recebidos pelo presidente Fernando Henrique Cardoso, merecendo manchete e fotografias nos principais jornais, revistas e noticiários da televisão.

Manoel Carlos se defende das acusações que sofreu em função do seu estilo realista.

"A novela não estava atingindo a Igreja e nem veiculava imoralidade. Apenas retratava cenas da vida cotidiana com certa dose de realismo, o que incomodou. É fato sabido que as instituições não apreciam muito a realidade. Gostam de histórias delirantes, inverossímeis ou gaiatas. A prostituta virando bolsinha na Avenida Atlântica, com dois dedos de maquiagem no rosto, não ameaça a família e serve para ser debochada. Agora, uma garota de programa bonita, charmosa, moradora de um edifício da classe média, acaba despertando apreensão" (*O Globo*, 30/1/2001).

Qual o modelo de família de *Laços de família*?

Se procurarmos uma família nuclear (pai + mãe + filhos), nos diferentes relacionamentos amorosos presentes na novela, teremos dificuldade para encontrar. No entanto, é possível encontrar inúmeros arranjos conjugais, que podem ser sintetizados assim:

MÃE (Helena) + FILHA (Camila) + AGREGADA (Zilda)
MÃE (Helena) + FILHA (Camila) + AGREGADA (Zilda) + MEIA-IRMÃ (Íris)
MÃE (Helena) + AGREGADA (Zilda) + FILHO (Fred) + NORA (Clara) + NETA (Nina)
PAI (Miguel) + FILHA (Ciça) + FILHO (Paulo) + AVÓ + AGREGADAS (empregadas)
TIA (Alma) + 4º MARIDO (Danilo) + SOBRINHO (Edu) + SOBRINHA (Estela) + AGREGADOS (empregados)
MÃE (Ema) + PAI (Paschoal) + FILHA (Capitu) + NETO (Bruninho) + AGREGADA (Simone)
MÃE (Yvete) + PAI (Viriato) + FILHA (Raquel)
PAI (Aléxio) + 2ª MULHER (Ingrid) + FILHA (Íris)
MÃE (Olívia) + 2º MARIDO (Eládio) + FILHA (Cíntia) + AGREGADA (empregada)
PAI (Laerte) + FILHO
MARIDO (Onofre) + MULHER (Ofélia)
MARIDO (Pedro) + MULHER (Sílvia)
HOMEM DIVORCIADO (Pedro)

Qual é o modelo de família, ou de famílias, que a novela está apresentando? É possível encontrar alguma normalidade nas famílias da novela?

Temos grupos domésticos maiores do que a família nuclear, incluindo outros parentes ou agregados (amigos, empregados), grupos menores do que a família nuclear (casais sem filhos), famílias formadas apenas por mãe e filhos ou pai e filhos. Encontramos famílias com recasamentos e filhos de casamentos anteriores. Também aparecem personagens que vivem sozinhos ou "*single person*" (Beck, 1996), como Romeu, Ana e Alex.

Se não existe família, mas famílias (e não existe casamento, mas casamentos), é possível encontrar algo em comum nestes diferentes arranjos? Tentando buscar uma estrutura mínima, podemos encontrar entre os protagonistas e coadjuvantes da novela o seguinte perfil:

1. os casais têm de zero a dois filhos, e o que aparece com mais evidência é o filho único;
2. o recasamento é frequente;
3. a presença de mães solteiras;
4. a presença de três viúvas e um viúvo;
5. homens e mulheres de mais de 30 anos sem parceiros fixos;
6. mulheres relacionando-se com homens muito mais jovens;
7. a figura materna ocupando um lugar privilegiado, podendo ser substituída por uma tia (irmã da mãe). Em alguns casos, os pais substituem a mãe;
8. a única família que segue o modelo nuclear é a de: Yvete, Viriato e Raquel (pai + mãe + filha), sendo Viriato impotente;

9. em outra família em que existe a equação pai + mãe + filha (Paschoal + Ema + Capitu), a filha é garota de programa e a agregada também.

Ao observar a novela como uma das possíveis representações da sociedade brasileira, constatamos que ainda que o modelo de família nuclear permaneça, aparecem inúmeras outras formas de conjugalidade. Portanto, ao falar-se de família, o plural impõe-se. "Já não há um 'modelo ocidental' mas vários" (Segalen, 1999). As separações, as uniões livres, as recomposições familiares abalam o que se chamava, até há pouco tempo, de "modelo de família ocidental".

Como assinala Castells (1999), não se trata necessariamente do fim da família, uma vez que outras estruturas familiares estão sendo testadas, reconstruindo a maneira como vivemos uns com os outros. Mas as tendências retratadas na novela indicam o declínio da família nuclear. O resultado deste quadro de diversificação dos relacionamentos conjugais é que um número cada vez maior de crianças está sendo criado em tipos de famílias que há apenas três décadas eram tidas como marginais e até mesmo inconcebíveis.

Como pôde se ver na novela, a relação entre um homem e os filhos que ele gerou, excluindo-se o ponto de vista estritamente genético, é indireta, não apresentando a "naturalidade" das relações entre mãe e filho (Aragão, 1983). Tanto no caso de Helena, como no de Capitu, os pais estão completamente ausentes da criação dos filhos. Helena é representada como uma mãe que faz qualquer sacrifício pelos filhos. Ela abandona o amor e o trabalho para cuidar da filha com leucemia. Capitu, garota de programa, é uma mãe dedicada, justificando sua ocupação como consequência do desejo de dar uma boa-vida ao filho.

O que pode ser visto como uma novidade é a representação de três homens cuidando sozinhos dos filhos: Miguel, que ficou viúvo e criou dois filhos, Laerte, que foi abandonado pela mulher e cria o filho sozinho e, no final, Fred, que fica com a filha pois a ex-mulher, Clara, passa meses viajando pela Europa com o novo marido. É verdade que, ao final, estes casos são de certa forma normalizados: os homens se casam e passam a constituir uma nova família. Miguel se casa com Helena, Laerte reata com a ex-mulher que se arrepende de ter abandonado o filho, e Fred e Capitu, grávida, ficam juntos.

Quais são as famílias de *Laços de família*? São aquelas em que convivem padrões tradicionais de comportamento (como o de Íris, guardando sua virgindade para o homem amado) com os mais modernos (como o de Cíntia que se relaciona sexualmente com Pedro sem exigir nenhum tipo de compromisso). Famílias em que o homem continua sendo o provedor (como a de Miguel) e outras em que a mulher assume este papel, seja ela esposa (Yvete) ou filha (Capitu). Famílias em que os homens são muito mais velhos do que suas esposas (Aléxio e Ingrid) ou em que as mulheres são muito mais velhas do que o marido (Alma e Danilo). Famílias em que, no seu interior, ocorre o desvio do comportamento sexual feminino (Capitu). Outras em que os homens assumem comportamentos considerados femininos, como cozinhar ou cuidar dos filhos (Laerte). E ainda aquelas em que o homem é impotente, sexual e profissionalmente (Viriato). Famílias em que as mulheres procuram parceiros da forma mais tradicional possível (Íris) até a mais moderna (as secretárias da clínica de Helena que procuram namorados na internet). Famílias em que uma garota de programa pode ter um final feliz com seu amor de adolescência (Capitu e Fred). Famílias em que mãe e filha (Helena e Camila) disputam o amor do mesmo homem (Edu). Famílias em que irmãs com uma grande diferença de idade (Helena com 44 e Íris com 18) têm filhos com o mesmo homem (Pedro). Famílias em que a figura feminina exerce o papel central, sacrificando-se pelos filhos. Famílias unidas e centradas nos filhos.

Laços de sangue: os filhos como salvação

No fim da novela, as famílias se reorganizam, demonstrando a importância dos filhos. Mesmo o machão Pedro, que passou a novela inteira afirmando sua opção de não ter filhos por preferir os cavalos aos seres humanos, termina a novela como pai de três: Camila, Vitória (o bebê de Helena que salvou a vida de Camila) e com a filha esperada por Íris. Íris, a vilã, se regenera e consegue casar e ficar grávida do disputadíssimo Pedro. Até Sílvia, ex-mulher de Pedro, que tinha desaparecido da novela, reaparece no último capítulo casada e com um filho de um conde italiano.

Os arranjos familiares tornaram-se mais complexos ao final. Íris, irmã de Helena por parte de pai, espera uma filha de Pedro. Pedro é pai de Camila e de Vitória. Vitória é, portanto, filha de Pedro e sobrinha de Íris. A filha de Íris e de Pedro será, ao mesmo tempo, irmã e prima de Vitória. Além disso, Helena e Pedro são primos, o que torna ainda mais confusos os laços de sangue.

Apenas nos últimos capítulos, e em função da necessidade de salvar a vida da filha, Helena revela a Pedro que ele é o pai de Camila. A revelação só ocorre depois que ela engravida dele, em uma única noite de amor, para gerar um filho compatível para o transplante de medula da filha. Pedro, ainda apaixonado por Helena, foi facilmente seduzido. Ao descobrir a verdade, sente-se traído, mas rapidamente aceita a situação. Camila fica muito feliz ao saber a verdade e diz que sentia que Pedro era seu pai, tanto que foi ele quem a levou ao altar em seu casamento com Edu, muito antes de a verdade ser revelada.

Moral da novela: os laços de sangue são mais fortes do que qualquer laço social. Laços de sangue só revelados pelo sacrifício de Helena, que recusa a proposta de casamento de Miguel, apesar de amá-lo, para engravidar de Pedro. Sacrifício que somente uma mãe faria pela filha, como Helena repete várias vezes para a amiga Yvete. É o segundo homem a quem Helena renuncia por Camila (primeiro Edu e depois Miguel). A forte empatia entre Camila e Pedro, desde o primeiro encontro, transforma o durão administrador do haras em um homem doce e compreensivo. Pedro pede Helena em casamento para tentar construir uma família. Helena não aceita, dizendo que eles não dariam certo, pois ela é uma mulher urbana e ele um homem rural.

De um lado, percebe-se a valorização dos laços biológicos e o desejo de construir uma família baseada nestes vínculos de sangue; de outro, a opção por uma vida conjugal baseada em estilos de vida compatíveis. Tradição e modernidade em disputa, provocando diferentes expectativas e conflitos nos personagens da novela.

Rejeitado por Helena, Pedro é também rejeitado por Cíntia, apesar da forte atração sexual e do mesmo estilo de vida. Cíntia, no último capítulo, diz a Pedro que eles são seres livres, independentes, e que ela não aceitaria ser a mulherzinha dele, cuidar da casa e ficar sempre pronta para realizar seus desejos. Somente Íris, que foi rejeitada por Pedro durante toda a novela, se adapta a este perfil: a mulher disposta a se dedicar inteiramente ao marido, cozinhar e cuidar da casa. Íris procura Pedro em sua fazenda e diz "eu vim cuidar de você".

"Foi acirrada a disputa entre Miguel (Tony Ramos) e Pedro (José Mayer) pelo amor de Helena (Vera Fischer) em *Laços de família.* Mas no último capítulo da novela o vencedor será o intelectual dono da livraria Dom Casmurro. O autor da novela explica o que o fez optar por este desfecho: 'Miguel combina com Helena. Pedro é rural, Helena é urbana. Como seria possível uma vida em comum entre eles? Ela iria morar no haras ou numa fazenda, deixando na cidade filhos, neto, trabalho? E como ele poderia viver no Leblon, tendo que frequentar livrarias etc.? Eles são de praias muito diferentes. Podem ter um caso, podem transar, mas nunca construir uma vida juntos. Acabariam solitários e infelizes. Pedro não saberia viver longe de seus cavalos, de seu chimarrão, das suas músicas gaúchas. Já Helena gosta de cantores como Frank Sinatra, Chico Buarque, Tom Jobim, além de bons programas e viagens a Nova York, Londres, Paris, Roma. O sonho de Pedro é voltar para a fazenda', diz Manoel Carlos" (*O Globo*, 28/1/2001).

Também é por meio de Pedro que percebemos a ambiguidade do desejo feminino. Cíntia, uma mulher independente, sente-se fortemente atraída por um homem grosseiro que muitas vezes a violenta sexualmente. Helena, cortejada pelo gentil Miguel, confessa para Yvete sua atração sexual por Pedro. Além da ex-mulher, Sílvia, o cinquentão Pedro é doentiamente amado por Íris, uma adolescente de 18 anos, que foi agredida por ele em diversos momentos da novela.

Manoel Carlos diz que Pedro só poderia ficar com Íris, "a virgem que se guardou para ele, que por ele tem um grande amor desde que nasceu e que por ser mais jovem vai consolá-lo e apoiá-lo na velhice. O amor de Íris, e isso ficou claro desde o início, não vai acabar nunca. Esse eu acredito que seja o amor eterno" (*Tititi*, 5/2/2001).

Vale a pena destacar como a morte aparece no fim da novela. Ritinha, a empregada que se relacionou sexualmente com um homem casado, morre. Orlando e Maurinho, que passaram a novela enganando, roubando e provocando Capitu, morrem. O destino de Íris, que também poderia ser a morte, como destacaram revistas e jornais, foi casar e ter uma filha com Pedro. Camila, que também deveria morrer, de acordo com a previsão inicial do autor, foi salva por Vitória. Capitu teve o carro roubado por Maurinho no momento em que estava levando todos os seus pertences para a casa dos pais. Maurinho e Orlando morrem em uma explosão do carro. Além do carro, Capitu perde todas as suas roupas e joias. Assim, a garota de programa morre simbolicamente e Capitu recomeça a vida com Fred, passando a trabalhar na livraria de Miguel. No último capítulo, todos os personagens se encontram, três anos depois, na festa de aniversário de Vitória, a filha de Helena e de Pedro, que salvou Camila da morte.

Desde o início da novela, Manoel Carlos alimentou a dúvida se Camila iria ou não morrer. A personagem, de início rejeitada pelo espectador por roubar o namorado da mãe, ganha sua simpatia ao ficar doente. Ao final, Camila é salva por Vitória, em mais um sacrifício de Helena. Íris consegue casar com Pedro, de quem engravida. Sílvia se liberta de Pedro e tem o filho tão desejado com outro marido. A relação de Fred e Capitu se consolida com a gravidez. Clara conquista um marido rico, com quem tem um filho. Helena diz que "filho é o tempero da vida" e, aos 47 anos, propõe um novo filho a Miguel. Alma aceita os filhos gêmeos de Danilo e Ritinha e se transforma em uma dedicada mãe e esposa, dizendo que agora se sente em uma verdadeira família.

Uma verdadeira família precisa, então, dos filhos como cimento. A fragilidade dos laços entre os casais, construídos a partir de "compromissos não obrigatórios" (Lasch, 1991), só se consolida com os filhos. São os laços de sangue, mais do que quaisquer outros, que tornam esses casais verdadeiras famílias. Laços sociais são materializados por meio dos laços de sangue.

Abreu Filho (1980) mostra a importância da categoria "sangue" nos laços de parentesco na sociedade ocidental, sistema que funciona pela lógica da descendência, a partir do reconhecimento das relações de consanguinidade e em que as relações de afinidade, além de não serem herdadas, não são tomadas como explicativas e totalizadoras. Para o autor, sangue, antes de ser uma substância definível em si mesma, é um vetor, um transmissor de qualidades físicas e morais. Assim, o indivíduo não se forma a si próprio; é antes um produto de forças que podem ser detectadas no seu passado familiar e que reaparecem no seu sangue. São os "laços de sangue", biológicos, que têm a capacidade de qualificar as relações de parentesco, definindo um fato social como natural. Elemento natural, o sangue – a substância que corre nas veias – organiza o sistema de parentesco (Costa, 1988).

Outro ponto que merece ser destacado é o fato de as mulheres, apesar de trabalharem e serem independentes financeiramente, girarem em torno do homem ou dos filhos. Helena falta ou chega atrasada à clínica, inúmeras vezes, para almoçar ou conversar com os namorados. Seus clientes são atendidos por uma assistente quando ela está com problemas sentimentais ou preocupada com a filha. A rebelde Íris, que tinha planos de estudar, se transforma em uma dona de casa dedicada e uma futura mãe, casada com aquele de quem apanhou de cinto muitas vezes no decorrer da novela. A realização profissional ocupa um papel secundário na vida das mulheres de *Laços de família*, com uma única exceção: a veterinária Cíntia, que valoriza, acima de tudo, a sua independência. Independência relativa, tendo em vista que ela continua morando com os pais.

Como explicar a polêmica e o sucesso de *Laços de família*, se sexo e temas tabus têm sido os principais ingredientes das novelas brasileiras há muitos anos? Talvez a resposta esteja nos argumentos das autoridades católicas, que, ao negar as igrejas do Rio de Janeiro para as gravações de cenas do casamento de Camila e Edu, afirmaram que *Laços de família* não é uma novela qualquer.

> "'Ela tem a palavra família no título, mas está esculhambando essa instituição, tão importante para nós', explica monsenhor Beltrami" (*Veja*, 25/10/2000).

Portanto, o próprio título poderia ser o principal responsável por tanta polêmica e sucesso: *Laços de família*. O espectador que esperava encontrar na novela representações sobre a família brasileira, encontrou múltiplos arranjos conjugais que, realistas ou não, ferem o modelo tradicional de família.

Podemos sugerir que, em vez de uma "esculhambação" da família, o que a novela retrata é uma multiplicidade de arranjos conjugais, em que convivem comportamentos e valores tradicionais e modernos. Ao verificar a valorização que o autor fez do papel dos filhos e a idealização da figura materna, percebemos que a novela está longe de apontar o fim ou a crise da família brasileira, mas, ao contrário, mostra o seu fortalecimento por meio de arranjos mais criativos e plurais.

Chega-se à conclusão de que, apesar do verniz vanguardista, *Laços de família* é uma novela muito mais conservadora do que parece. Seus temas polêmicos desapareceram ao final: a garota de programa morre simbolicamente e renasce como uma esposa grávida e feliz, as vilãs se regeneram e também ficam grávidas, a protagonista escolhe um homem mais compatível com a sua idade e estilo de vida, o impotente se cura, os vilões morrem, as mulheres abrem mão da carreira profissional para se dedicarem aos maridos e filhos. Parece que alguns membros da Igreja e do Judiciário perderam suas horas de sono em vão.

6
Mulheres e militantes

"Mulheres e militantes" é fruto de uma linha de reflexão que venho desenvolvendo desde 1988, quando iniciei meus estudos sobre a construção social da identidade feminina no Brasil. A ideia desta análise é acompanhar as transformações ocorridas no campo político brasileiro, nos partidos e organizações de esquerda, por meio das trajetórias de algumas mulheres.

Ao discutir a participação das militantes em partidos e organizações sindicais, comparo dois momentos distintos da história brasileira. A construção das trajetórias das militantes foi realizada por meio de longas entrevistas e da leitura de biografias e autobiografias publicadas. A análise deste material permite uma discussão sobre os papéis femininos no interior dos partidos e organizações de esquerda no Brasil, sobre o que mudou depois das lutas do "novo feminismo" e sobre a construção social da identidade de gênero em nossa sociedade. Meu objetivo é refletir sobre algumas questões que ajudam a compreender os papéis e as representações sociais sobre a mulher no mundo público/político brasileiro, no "mundo dos homens".

Nesse estudo quero refletir sobre como a discriminação que as mulheres sofrem, de uma forma mais ampla, reflete-se no interior de sindicatos, partidos e organizações de esquerda no Brasil. Verificar se ocorre (ou não) uma mera reprodução da divisão sexual do trabalho, cabendo às mulheres militantes tarefas e atividades consideradas, pela sociedade, como especificamente femininas. Pretendo compreender como se dá a inserção das militantes em um campo essencialmente masculino e que posições elas ocupam neste campo (Bourdieu, 1983). Entender também qual o tipo de capital necessário para o ingresso de mulheres neste campo e para as diferentes tarefas que lhes são designadas.

Assim, quero discutir, por meio de diferentes trajetórias, as características destas militantes. Qualquer mulher pode ser uma militante política de esquerda? Existem condições (familiares, afetivas, econômicas, culturais, psicológicas etc.) que facilitam (ou dificultam) essa militância?

As militantes

Muito já se falou, e se escreveu, sobre o fato de a História ser feita pelos homens e para os homens. Nas últimas décadas, estudiosos têm se debruçado sobre a história invisível escrita por mulheres. Sem ainda poder contar com uma bibliografia extensa sobre a militância das mulheres, tem-se a chance de encontrar algumas poucas obras valiosas, que demonstram que elas estiveram (e estão) fortemente presentes na vida dos partidos e organizações políticas brasileiras.

Como este estudo não tem como objetivo fazer um levantamento completo de todas as mulheres que atuaram politicamente no Brasil, analiso algumas trajetórias que são paradigmáticas para se pensar como se deu a atuação feminina em um mundo representado socialmente como dos homens.

A análise destas trajetórias tem como referência as obras de Georges Duby (1987) e Norbert Elias (1994) que, ao estudarem como determinados indivíduos se transformaram em heróis ou gênios, forneceram elementos para pensar como determinadas mulheres se tornaram figuras emblemáticas da vida política no Brasil. Cabe ressaltar a importância da obra do sociólogo francês Pierre Bourdieu (1996) em minhas reflexões. Sua definição de trajetória, como um dos caminhos possíveis (entre tantos outros igualmente possíveis) num campo determinado, obriga a pensar a vida das militantes políticas em contraste com os demais caminhos abertos às mulheres de sua geração.

Uma das trajetórias que analiso é a de Olga Benário (1908-1942), que aparece como modelo de militante política de esquerda. Por meio da leitura de duas biografias, uma de autoria de Fernando Morais (1993) e outra de Ruth Werner (1989), é possível identificar os elementos considerados imprescindíveis para uma mulher ser considerada uma boa militante comunista: coragem, sacrifício, dedicação e abnegação. A história da judia comunista, primeira companheira de Luiz Carlos Prestes, o nascimento de sua filha Anita Leocádia na prisão e seu assassinato pelo regime nazista, já era conhecida mesmo antes da publicação das biografias, especialmente no círculo dos militantes de sua geração.

Outra trajetória analisada é a de Maria Prestes. Nascida em 1932, Maria foi, durante mais de 40 anos, a segunda companheira de Luiz Carlos Prestes. Busco mostrar como se constrói a identidade de Maria como militante comunista, em oposição às mulheres que não são militantes. E também como esta identidade é construída em contraste com a de Olga, presença marcante em sua autobiografia. Por fim, como se constrói a identidade de Maria como companheira do mais importante e perseguido líder comunista do país. Estas diferentes identidades em jogo ajudam a entender a construção de uma comunista, cujo capital cultural, econômico e político é bastante distinto do de Olga.

Clara Charf, nascida em 1925, e Maria Augusta Capistrano, em 1918, deram depoimentos fundamentais sobre a militância feminina desde a década de 1940 até os dias de hoje. Viúvas de dois importantes líderes políticos do país, relatam os papéis desempenhados por elas e por outras mulheres que integraram o Partido Comunista Brasileiro, as dificuldades e discriminações sofridas, assim como as conquistas nas posições ocupadas. Clara, que começou a militar no fim da Segunda Guerra Mundial, foi companheira durante 20 anos de Carlos Marighella (1911-1969), assassinado pelas forças repressivas durante o regime militar. Clara iniciou sua militância partidária aos 20 anos e é, até hoje, uma militante "24 horas por dia" do Partido dos Trabalhadores. Maria Augusta Capistrano, viúva de David Capistrano, assassinado pela ditadura, foi uma ativa militante desde 1945.

Iara Iavelberg (1944-1971), companheira durante dois anos de Carlos Lamarca, é um caso exemplar. Estudante de Psicologia do Mackenzie (São Paulo), Iara ingressou em 1965 na Organização Revolucionária Marxista Política Operária (POLOP). Três anos depois, militava na Vanguarda Popular Revolucionária (VPR). Percorrendo sua trajetória, encontra-se um tipo de militância bastante diferente do de outras mulheres. Iara iniciou sua militância no movimento estudantil e foi alvo de uma série de acusações de desvio, tanto no que diz respeito a seu comportamento sexual quanto com relação a sua forma de vestir e de agir. Considerada extremamente feminina, extravagante e vaidosa, Iara subverteu as regras internas das organizações a que pertenceu, que exigiam o despojamento material e um comportamento feminino discreto.

Por fim, Iná Meireles, que se define como uma militante "24 horas por dia", desde os 16 anos. Apesar de formada em Medicina e de ter dois filhos, Iná diz que a militância política é o que existe de mais importante em sua vida. Sua trajetória é interessante para pensar as transformações da militância feminina nos últimos 30 anos. Aos 48 anos, Iná foi a primeira mulher presidente da Central Única dos Trabalhadores (CUT) do Rio de Janeiro, uma das raras brasileiras a chegar à presidência de uma organização sindical de tal porte. Iná começou a militar, ainda como secundarista, no Partido Comunista, participou de um grupo guerrilheiro (MR-8), foi presa durante 17 meses, torturada, participou de outra organização clandestina (MEP) e do Partido dos Trabalhadores desde a sua criação. Foi a primeira presidente do diretório do PT de Niterói.

Anônimas, silenciosas, invisíveis... Essas são as militantes que tentam recuperar seu nome e a própria identidade contando sua versão da história. Elas não são apenas mulheres: são mulheres militantes. Separadas dos companheiros, dos filhos, da família, levando uma vida clandestina, sofrendo violências físicas e psicológicas, essas mulheres adquiriram visibilidade nas últimas décadas. Suas histórias começam a ser contadas e a importância de suas trajetórias na luta política brasileira está sendo cada vez mais reconhecida, na realização de pesquisas, biografias, documentários e filmes.

Mulheres invisíveis

Utilizo a ideia de invisibilidade a partir da constatação de que as mulheres ocuparam uma posição percebida como secundária ou inferior nos partidos e organizações de esquerda aos quais pertenceram, escondidas sob o rótulo de "mulher de", "companheira de" ou "filha de". Quero, assim, enfatizar que foram seus maridos, companheiros ou pais que ocuparam posições dominantes no interior destes organismos, sendo considerados "importantes", "famosos", "figuras históricas", "lideranças políticas".

A história da esquerda brasileira foi, e é até hoje, escrita em torno das trajetórias destes "grandes homens". Aos homens cabem as decisões políticas (o mundo das ideias) e as ações práticas (o mundo público). Às mulheres, o suporte familiar e caseiro (o mundo doméstico), para que eles possam continuar realizando suas nobres atividades políticas. Essa representação sobre o papel secundário feminino fica evidente no discurso das militantes sobre suas funções nas organizações.

Uma das questões sobre a militância feminina que mais interessa ao pesquisador do tema é: Por que essas mulheres ingressaram em um mundo marcadamente masculino?

Algumas hipóteses surgem no material analisado. A mais evidente é: são mulheres que, com raríssimas exceções, foram introduzidas nesse mundo por um homem importante em suas vidas (pai, companheiro, marido, irmão). É necessário fazer um corte geracional para contextualizar esta afirmação. Analiso trajetórias de mulheres que nasceram antes da década de 1940. Geração em que predominavam as representações da mulher essencialmente como filha, esposa e mãe. As representações sociais da mulher como profissional, com direitos iguais aos dos homens, surge décadas depois no Brasil.

Se o acesso ao mundo masculino só é possível por meio da aceitação de um homem, cabe perguntar: quais os papéis que as mulheres efetivamente desempenharam neste mundo e qual o interesse masculino neste desempenho? Fica evidente, no material analisado, que as funções femininas ficavam restritas a atividades consideradas menores. As militantes deixavam de ser as esposas e mães tradicionais para cumprirem funções de limpeza, cozinha, proteção, secretaria etc. Eram necessárias como companheiras de homens perseguidos politicamente para que eles aparecessem para a sociedade mais ampla como indivíduos comuns, com famílias. Tanto no caso de Olga quanto no de Maria, suas atividades partidárias, em determinado momento, limitavam-se a dar proteção a Luiz Carlos Prestes, fingindo ser as esposas do capitão mais perseguido do país.

Acredito que há uma relação mais igualitária quando a mulher, ao ingressar na organização, já possui um capital político acumulado. Este é o caso de Olga que, quando chegou ao Brasil, já trazia um histórico considerável de militância na Alemanha e em Moscou. Olga não foi apenas a companheira de Prestes, como fica claro nas duas biografias. Sua competência política foi reconhecida pelo partido, que lhe destinou tarefas mais nobres do que as destinadas às demais mulheres. Esta diferença explica o fato de Olga ser ouvida em importantes decisões políticas do partido enquanto Maria se restringiu, durante muitos anos, a cuidar dos nove filhos e da limpeza dos aparelhos em que morou com Luiz Carlos Prestes.

O capital cultural, político e social parece ser determinante no tipo de atividades desempenhadas pelas militantes, assim como em suas reflexões e críticas a respeito do machismo existente. Ser mulher é considerado um empecilho para se alcançar posições valorizadas nesses organismos. Uma mulher com baixo capital político e cultural terá uma posição ainda menos valorizada, desempenhando funções equivalentes às de uma empregada doméstica, como bem mostra Maria Prestes em sua autobiografia. A divisão de trabalho entre os sexos deixa para o homem a política, o trabalho fora de casa, o mundo público, e para a mulher o interior da casa, o trabalho invisível e desvalorizado.

As representações existentes sobre o bom militante estão associadas a um tipo de atuação masculina: o domínio do discurso em grandes assembleias, a fala dura e impessoal, métodos de disputa extremamente agressivos, a distância das questões da vida familiar e doméstica.

"Tem um problema que eu acho inerente à mulher, a mim como mulher, que é uma falta de gosto pela competição absurda que existe. Eu até me acho uma pessoa competitiva. Mas esse meio é competitivo demais. Às vezes me dá preguiça, me enche o saco. Acho que não me imponho o suficiente e, em parte, isso é porque sou mulher; porque talvez se fosse homem não precisasse. É muito trabalhoso. A gente, como mulher, tem que estar o tempo todo correndo atrás. Para eu ser uma boa presidente da CUT não basta eu ser como um homem. É muito mais fácil para o homem ocupar os postos porque ele não é responsável por um monte de coisas, a sociedade lhe dá mais segurança e eles se sentem como peixes na água. Por mais que eu tenha esses anos todos de militância, nunca é aquele ambiente tranquilo." (Iná)

As mulheres militantes reconhecem a questão da invisibilidade feminina. Em um campo essencialmente masculino, moldado de forma a satisfazer as necessidades dos homens, a mulher acaba não conseguindo seguir as regras do jogo, aceitando posições secundárias e rejeitando cargos de direção. Elas apontam a dificuldade feminina para colocar publicamente suas ideias, e, também, a timidez e insegurança nas reuniões.

"É um certo complexo de inferioridade que a mulher adquiriu, de se achar inferior. Muitas vezes, porém, ela tem muito mais capacidade do que o homem que está na direção." (Clara)

Clara e Iná criticam as condições desfavoráveis para a militância da mulher, já que os dirigentes não levam em consideração o cotidiano feminino, bastante distinto do masculino. Isso se reflete na ausência de creches em eventos políticos e sindicais, e em horários de atividades não compatíveis com as exigências das atividades profissionais e domésticas de exclusiva responsabilidade da mulher. Elas também afirmam que muitas mulheres com capacidade política se recusam a ocupar cargos de direção em função de dificuldades concretas para conciliar a militância com o cuidado com a casa e filhos, grande limitação da militância feminina até hoje.

"Avançou muito nos últimos 50 anos, mas o mundo da política ainda é masculino. Tudo continua organizado de uma maneira que se pressupõe que a mulher está sempre disponível para a casa e para os filhos, enquanto o homem pode ter reuniões de noite e nos fins de semana, pode viajar, participar de congressos durante três dias seguidos. Aumentou o número de mulheres que militam mas a visibilidade e o papel decisório que elas têm na política ainda são pequenos. Quando está na direção ela tem que se dar muito mais do que um homem. Tem sempre que provar que é melhor, mais do que o homem. Ninguém cobra tanto do homem como cobra da mulher." (Clara)

Como as mulheres militantes, em organismos que defendem a igualdade, aceitam posições subalternas? As explicações dadas por Clara e Maria Augusta são o machismo que reina na sociedade brasileira, a falta de autocrítica dos companheiros e a própria autodesvalorização feminina. As militantes veem como natural que tarefas menores sejam obrigações das mulheres, considerando ser da natureza feminina a maior preocupação com as atividades práticas e o cuidado com a casa e as crianças. A mulher é o amparo necessário, o respaldo doméstico, para que o homem fique livre das preocupações cotidianas e possa resolver os grandes problemas do país. À mulher cabem os problemas concretos, da sobrevivência física. Ao homem, o mundo das ideias e dos ideais. À mulher, o cuidado com o presente. Ao homem, a luta por um futuro melhor.

Ao responder se existia dentro do partido uma tradição de machismo, Clara diz:

"Claro, sempre existiu. Tanto no comportamento político quanto no tratamento familiar, isso era mais ou menos comum. Sempre existiram muitas companheiras, e pelas quais eu tenho muito respeito, que só davam cobertura para o marido. Eram uma espécie de protetoras do aparelho, é verdade, mas era o máximo, e graças a elas muitos companheiros se salvaram."

A desigualdade entre homens e mulheres no interior do partido não era percebida como um problema visto que, ao lutar por uma sociedade futura mais justa, todos sairiam ganhando. A luta comunista justificava toda e qualquer desigualdade entre os gêneros. As reivindicações mais especificamente femininas eram vistas como pequeno-burguesas, acusação frequentemente acionada contra as mulheres que buscavam um espaço maior dentro do partido.

"Novas " e "antigas": sempre militantes

Analisando a trajetória de militantes nascidas até a década de 1940, percorri vidas anteriores às conquistas das mulheres após os anos 1960 e 1970. Como militantes que atuaram politicamente antes e depois do golpe de 1964, elas sofreram diretamente as consequências do regime militar que se estabeleceu no país, com o assassinato de seus companheiros, a clandestinidade e a própria morte.

Estudei uma geração que viveu a dor da perseguição e do banimento político, além da frustração pela derrota de um projeto de enorme investimento, que envolvia suas vidas como um todo. Mulheres que se distanciaram da família e dos amigos, que não puderam ter filhos ou os tiveram em situação de terríveis dificuldades, cujas casas foram vigiadas, invadidas, destruídas. Mulheres que foram presas, torturadas, exiladas ou assassinadas. A militância política foi algo que dominou (e algumas vezes anulou) outras áreas da vida destas mulheres.

Lembrando a oposição holismo *versus* individualismo (Dumont, 1992), interessa saber se a mulher militante realiza seus desejos e aspirações, ou se ela os rejeita em função de uma luta maior de transformação social. O anonimato das antigas militantes pode ser mais bem compreendido por meio desta oposição, já que elas parecem anular seus desejos e aspirações (como ter filhos, casa e família) em função da política. Já as novas militantes, como Iná, além da luta pela transformação da sociedade, também se preocupam com questões individuais ou especificamente femininas, antes acusadas de serem pequeno-burguesas. Em vez de renunciar a seus desejos individuais em função do todo (o partido), elas lutam por continuar existindo como indivíduos, mesmo pertencendo a uma organização.

O que está em jogo, na verdade, são dois modelos diferentes de "ser mulher militante": um exige a negação da individualidade em função do partido e está próximo do papel tradicional feminino, em que a mulher era considerada hierarquicamente inferior ao marido no seio da família; e outro, que pode ser pensado como mais próximo do difundido pelo movimento feminista e pela psicanálise, em que se busca a igualdade entre os sexos e se defende o controle feminino sobre sua própria vida e sexualidade. Estes dois modelos, em disputa na sociedade brasileira particularmente após a década de 1960, contaminam os papéis, os valores e as visões de mundo das mulheres militantes.

Os papéis femininos mudaram, não apenas porque a sociedade se democratizou e a vida partidária adquiriu outros contornos, mas porque, de forma mais ampla, a mulher brasileira alcançou uma série de conquistas no mundo público e privado. Esta questão remete à discussão sobre o "campo de possibilidades" (Velho, 1981) das novas e antigas militantes. Quais os caminhos e as escolhas possíveis para as mulheres destas duas gerações? A postura masculina mudou com relação à militância feminina? Ou ainda são as mulheres que cumprem as funções consideradas menores? Como estas novas militantes compatibilizam a vida privada e a participação no mundo público? Este é ainda um "mundo dos homens" que exige que elas se anulem para serem aceitas?

Outra reflexão diz respeito ao "não dito" (Pollak, 1986) por estas mulheres de diferentes gerações. O que é oculto, percebido como estigma (Goffman, 1975), por estas mulheres? O que não pode ser respondido nem sequer perguntado às militantes? Um exemplo: quando perguntei a Clara se algum poema do livro de Carlos Marighella foi escrito para ela, ela respondeu "isso é muito pessoal", encerrando o assunto. Em vários outros momentos em que perguntei sobre sua vida com Marighella obtive a mesma resposta. Enquanto Clara se restringe a falar sobre o mundo público e político, recusando-se a contar qualquer fato de sua vida pessoal, Iná comenta abertamente sobre seus três casamentos, seus namorados e as acusações de desvio que sofreu em função de ter uma vida sexual mais livre do que a maior parte das militantes.

Clara estabelece uma fronteira rígida entre o mundo privado (não dito) e o político (dito), o que não ocorre com Iná, que percorre os dois mundos aparentemente sem a menor dificuldade.

Ao comparar as duas trajetórias, percebe-se que, enquanto a militância de Clara está extremamente ligada à luta de Marighella, Iná parece ser muito mais autônoma em sua militância política. Pode-se pensar que a presença masculina é muito mais marcante para as antigas militantes do que para as novas, tanto no ingresso na vida política quanto na forma de participar dentro da organização. As antigas foram, durante muito tempo, o apoio necessário para o companheiro, a "fachada", enquanto as novas criaram seu próprio espaço de atuação política, nas bases ou na direção de sindicatos e de partidos. A identidade de Clara foi construída como "companheira de" ou "viúva de" Carlos Marighella, enquanto Iná não é identificada (nem se identifica) como "companheira de" nenhum homem. Há uma maior autonomia em sua militância e um espaço construído a partir de sua própria trajetória. Nesse sentido, Iná fez seu nome com a sua própria militância.

Mulheres sem nome

Como as militantes fazem um nome dentro do campo político brasileiro? Entende-se que o nome (prestígio ou fama) é o "capital simbólico" (Bourdieu, 1988) que elas obtêm ao serem conhecidas e reconhecidas dentro e fora das organizações a que pertencem. É importante destacar esta questão tendo em vista que as antigas militantes parecem ter construído seus nomes por meio do capital político adquirido pelos companheiros.

O caso de Maria Prestes é interessante de ser analisado porque, filha de um militante comunista, ingressou muito precocemente na política. Em sua autobiografia, Maria diz que seu nome verdadeiro é Maria Ribeiro, mas que os jornalistas e policiais só a chamavam de Maria Prestes, mesmo nome que Olga inventou para si depois da prisão em 1936. Maria conta que, em função de o pai ser um militante comunista, viveu uma vida de mudanças e de perseguições. Aos 10 anos, perguntou para o pai: "Afinal, qual é o meu nome verdadeiro? Miriam, Alzira ou Eunice?" E o pai respondeu: "São todos esses nomes, depende do lugar onde você estiver morando."

Outro depoimento é o de Maricota da Silva, pseudônimo utilizado por uma exilada no livro *Memórias das mulheres do exílio* (1980). Maricota coloca em questão a sua própria identidade. O exílio, a separação dos familiares e amigos, a carreira profissional abandonada, todo um destino traçado em função de ser a mulher de um militante de esquerda. Demonstra também a dificuldade de alguém que cresceu com a ideia de que, para ter valor social, a mulher deve ter um homem a seu lado. Maricota da Silva é uma mulher anônima, sem passaporte e sem identidade. É a "mulher do marido", a sombra de um homem de esquerda. Ao contar sua história, Maricota conta a de muitas outras militantes de esquerda que viveram a mesma experiência de anonimato. O que Maricota tenta mostrar e que a companheira de um militante jamais poderá ser uma mulher comum.

"Quando eu peço a você que não ponha o meu nome, não é só por não querer mais confusão nennuma, mas é porque eu não sou mais, eu não tenho mais um nome, tenho que refazer um nome, mesmo que seja ligado ao meu marido; mas que eu volte a existir. Eu não existo. A família do meu marido só vê em mim a pessoa que tem a honra e a glória de ser casada com ele e de acompanhá-lo. A maior parte das pessoas que conheço também pensa assim. Para minha família eu não existo porque acompanhei o marido. Em suma... socialmente, quem sou eu?"

Ao longo de anos de pesquisa, analisando a militância feminina, algumas reflexões foram amadurecendo. Muitas questões foram colocadas e apenas algumas começam a ser respondidas. Uma das observações iniciais é a respeito da construção da identidade dessas mulheres. Ela é construída de "forma contrastiva" (Oliveira, 1976), isto é, surge no jogo de semelhanças e diferenças entre as mulheres militantes e as mulheres comuns, e, também, entre as mulheres e os homens militantes. Ao serem comparadas com seus companheiros ou pais, elas se tornam invisíveis, ocupando posições secundárias no interior do partido, e realizando tarefas consideradas menores. Comparadas com as mulheres comuns, as militantes são percebidas como mais corajosas, com mais capacidade de renúncia e sacrifício.

Apesar de declararem que muitas vezes desempenharam funções secundárias nas organizações em que militaram, Clara e Iná reconhecem que suas tarefas eram imprescindíveis para a luta maior de transformação da sociedade. Se, de um lado, defendem que suas vidas foram melhores do que as das mulheres tradicionais, que cumpriram o papel esperado de esposa e mãe, de outro, ressentem-se de terem tido que renunciar a alguns desejos e a uma vida mais tranquila.

"No fundo, no fundo, acho que a minha vida é melhor do que a da mulher que não é militante. Não penso no que perdi. Até perdi: desde o tempo na prisão até a possibilidade de ganhar mais dinheiro, sei lá. Mas acho que dificilmente eu seria o que sou se não fosse militante. Acho que ganhei com isso. Eu tenho aprendido, vivido tanta coisa, conhecido tanta gente, construído tantas coisas. Quando comecei a ter cargos de direção com projeção social mais ampla, comecei a entender como os homens têm, de fato, acesso a coisas que as mulheres não têm." (Iná)

Pode-se pensar que hoje é mais fácil para uma militante transitar pelo mundo político e pelo mundo pessoal porque os caminhos estão mais abertos, enquanto que, no passado, a rigidez era necessária para se ocupar um espaço considerado masculino. Elas deveriam se dedicar totalmente à militância política, anulando muitas dimensões de suas vidas pessoais. Hoje é possível ser militante sem deixar de ser mulher, mãe e profissional. A sociedade mudou e a militante também, conquistando uma identidade mais autônoma, flexível e plural.

A importância das trajetórias das mulheres militantes apenas começa a ser revelada e o significado dos seus nomes – Olga, Maria, Clara, Maria Augusta, Iara, Iná e "Maricota" – ainda precisa ser reconhecido em toda a sua verdadeira dimensão na história política brasileira.

7
Bandido ou herói?

METRALHADO MARIGHELLA,
CHEFE GERAL DO TERROR.
UMA VIDA A SERVIÇO DA AGITAÇÃO.
(*Folha da Tarde*, 5/12/1969)

Neste texto trabalho com diferentes versões da mídia sobre a vida e a morte de Carlos Marighella, buscando interpretar as representações existentes em torno de sua imagem pública. Além das notícias da imprensa, analiso escritos do próprio Marighella e livros que retratam sua trajetória, como o de Frei Betto, *Batismo de sangue: os dominicanos e a morte de Carlos Marighella* (1991).

Para a análise do material sobre a vida e a morte de Carlos Marighella, é útil o conceito de mito, tal como foi pensado por Peter Burke (1994) para compreender o lugar que Luís XIV ocupou na imaginação coletiva. Como "uma história com significado simbólico (como o triunfo do bem sobre o mal), os personagens, quer sejam heróis ou vilões, ganham dimensões maiores que na vida. Cada história se situa no ponto de interseção entre o arquétipo e uma conjuntura; em outras palavras, entre imagens herdadas e acontecimentos específicos e individuais".

Ao analisar as condições que possibilitaram a transformação de Guilherme Marechal no "melhor cavaleiro do mundo", uma espécie de herói medieval, Georges Duby (1987) fornece instrumentos para compreender como um determinado indivíduo se transforma em paradigma para as demais pessoas de sua sociedade. A existência dessas pessoas exemplares passa a ser contada, diz o autor, por meio da construção de determinadas frases, da escolha de palavras, de um jogo de memória e esquecimento, que confessa e oculta. Um jogo que exagera alguns traços, que concentra neles toda a luz, mantendo na sombra tudo o que possa interferir na imagem que se quer construir.

Outro estudo inspirador para discutir a transformação de determinados indivíduos em mitos é o de Norbert Elias (1994), *Mozart: sociologia de um gênio*, importante referência para compreender o que uma determinada vida diz sobre o momento histórico, cultural e político em que ocorreu, sobre comportamentos e valores que reflete ou antecipa e as condições sociais existentes para o aparecimento de um indivíduo singular. Elias ajuda a compreender não só a vida de Mozart, mas a trajetória de outros indivíduos considerados gênios, revolucionários, bandidos ou heróis. Ao fornecer instrumentos para entender como alguém se torna um "gênio", ele ajuda a pensar como os indivíduos se transformam em modelos para os demais integrantes de sua sociedade e de sua época, como ocorreu com Carlos Marighella.

A construção do mito

"Começa a ser aberto o caso Marighella. Todos sabíamos que ele havia sido vítima de uma emboscada e assassinado friamente nas ruas de São Paulo. Sua opção pela luta armada, no contexto da época e das circunstâncias, foi tão heroica quanto a de Zumbi, três séculos antes. O processo social brasileiro repele o radicalismo, mas há momentos específicos em que a solução radical se apresenta como a única possível. Foi assim que surgiram heróis como frei Caneca, Felipe dos Santos, Tiradentes e o próprio Zumbi. Pode parecer exagero incluir Marighella nesse panteão. Grande parte da opinião pública, influenciada pelo poderoso marketing da direita, ainda o considera apenas um bandido. Desta vez, no entanto, não vamos repetir o caso de Zumbi, esperando 300 anos para fazermos justiça a um amante da justiça social, a um guerrilheiro da liberdade." Carlos Heitor Cony (*Folha de S. Paulo*, 16/5/1996).

Quando estudei a trajetória de Leila Diniz (Goldenberg, 1995), mostrei como, com a morte de uma pessoa famosa, todos os grandes marcos de sua trajetória são retomados pela imprensa, cristalizando a imagem pública que foi construída socialmente. Buscando fazer uma leitura das matérias sobre a vida e a morte de Carlos Marighella, percebe-se facilmente alguns fatos que são recorrentemente citados, como:

1. as origens familiares;
2. a militância e o abandono dos estudos para se dedicar ao Partido Comunista;
3. as inúmeras prisões e a resistência à tortura;
4. a eleição como deputado constituinte;
5. a prisão em 1964, em um cinema no bairro da Tijuca, na cidade do Rio de Janeiro;
6. o rompimento com o Partido Comunista e a viagem a Cuba;
7. a liderança da guerrilha urbana no Brasil;
8. a morte.

Uma matéria da *Veja* (12/11/1969) mostra dicotomias interessantes para pensar a construção da imagem de Marighella desde suas origens familiares.

"Marighella nasceu na Bahia em 1911, filho de um italiano da Emília, dono de oficina mecânica, e de uma moça de família modesta, negra hauçá. Na Emília nasceram grandes líderes italianos, como Mussolini, fascista, e Nenni, socialista. Os hauçás sempre foram os negros mais rebeldes à escravidão – mas também foram os melhores capatazes dos donos de escravos."

O próprio Carlos Marighella enfatizava, em prosa e verso, suas origens familiares ao explicar sua vocação revolucionária. Em seu livro *Por que resisti à prisão* (1994), escrito logo depois de ter sido preso num cinema da Tijuca, Marighella escreveu:

"Descendo de italiano. Meu pai era operário, nascido em Ferrara (Alta Itália, Região de Emília). Chegara como imigrante a São Paulo e se transladara à Bahia. Minha ascendência por linha materna procede de negros hauçás, escravos africanos trazidos do Sudão (e afamados na história das sublevações baianas contra os escravistas)."

Duby (1987) destaca a importância da parentela, "esse tronco do qual o herói era apontado como o mais admirável rebento", para aqueles que escreveram sobre a vida dos heróis e santos. Evocar a ascendência torna-se indispensável, já que "da boa árvore nasce o bom fruto". Carlos Marighella enalteceu suas origens, que o teriam levado a uma consciência precoce das desigualdades sociais existentes no Brasil.

"Desde criança habituei-me a meditar sobre um problema a respeito do qual meu pai falava quase diariamente: 'Por que o pobre trabalha toda a vida e nunca tem nada?' Por uma questão de classe. Pois nada tenho em comum com as chamadas elites ou classes dirigentes brasileiras. Sentia-me inclinado a examinar a situação dos pobres, em cujo meio vivia e de onde provenho. Como homem do povo, escolhi cedo o caminho que só podia ser o da luta pela liberdade."

Após abandonar o curso de Engenharia para se dedicar inteiramente à militância comunista, a trajetória de Marighella foi marcada por prisões sucessivas.

"Não chegou a concluir o seu curso de Engenharia, mas conquistou fama entre os seus colegas, pelos seus dons oratórios e por suas atividades de agitação. Em 1932 participou de movimentos de agitação dos estudantes baianos. Preso em 1936 no Rio de Janeiro quando distribuía volantes comunistas, ficou dois anos e seis meses na prisão. Em 1939, outra vez foi preso e condenado a cinco anos, sempre por subversão. A partir de 1948, tornou-se um dos principais dirigentes do PCB, em clandestinidade" (*Folha da Tarde*, 5/11/1969).

A *Veja* (12/11/1969) registra que Carlos Marighella abandonou o terceiro ano do curso de Engenharia da Politécnica da Bahia para "dedicar-se à ação comunista clandestina", sendo preso na Bahia em 1932, em São Paulo em 1939 e no Rio de Janeiro em 1944.

O *Dicionário histórico-biográfico brasileiro* (1984) afirma que Carlos Marighella ingressou no Partido Comunista Brasileiro (PCB), então Partido Comunista do Brasil, no início da década de 1930. Foi preso pela primeira vez em 1932, em represália a um poema que escreveu com críticas ao interventor da Bahia, Juracy Magalhães. Em maio de 1936 foi novamente preso, pela Polícia Federal de Filinto Müller, em uma manifestação dos trabalhadores paulistas. Foi severamente torturado durante 23 dias. "Deu a primeira prova de sua bravura, jamais desmentida, negando-se a ceder qualquer informação à polícia política."

Saiu da cadeia em 1938, tornando-se o principal dirigente do PCB em São Paulo. Em maio de 1939 foi novamente preso, durante o Estado Novo. Com a anistia de 1945 foi solto e eleito deputado à Assembleia Constituinte pelo estado da Bahia, em dezembro daquele ano, pelo PCB. Em 7 de maio de 1947, o Tribunal Superior Eleitoral cancelou o registro do PCB, mas os parlamentares comunistas mantiveram seus mandatos até serem cassados em 1948. Marighella foi apontado como um dos mais aguerridos deles, tendo proferido, em menos de dois anos, 195 discursos.

Até 1952, Marighella foi o dirigente máximo do PCB na capital paulista. Em sua última prisão, logo após o golpe militar, em 9 de maio de 1964, ficou 80 dias detido, 60 deles em regime de incomunicabilidade no DOPS, quando perdeu 19 quilos. Essa prisão é recorrentemente lembrada pela coragem com que Marighella enfrentou sozinho, desarmado e ferido, os policiais armados, consolidando a imagem de valente, ousado e corajoso. Mas, devido às circunstâncias em que ocorreu, pode também ser vista como uma mácula em sua imagem de herói. Antonio Candido, na apresentação de *Por que resisti à prisão*, diz que "Marighella, homem que não conhecia o medo, resistiu e foi baleado no peito, sendo a seguir preso e longamente maltratado".

Jorge Amado, companheiro da bancada comunista na Constituinte de 1946, escreve no prefácio do mesmo livro: "O cinema, em hora de matinê, estava repleto de crianças e elas foram a maior preocupação do cidadão acuado pela malta da polícia, condenado à morte, o revólver dos beleguins apontados para seu peito: naquela hora de extremo perigo, o temor de que uma bala perdida matasse um dos meninos da plateia. Coberto de sangue, a bala no peito, o pensamento de Marighella é para elas, que são o motivo maior de sua luta."

Ao relatar esta prisão, Carlos Marighella conta que ela esteve repleta de sensacionalismo e suspense.

"Os agentes do DOPS dispararam um tiro contra o meu peito para me matar. O tiro foi desfechado à queima-roupa, dentro do cinema. Por que atiraram com o cinema cheio de crianças? Puro banditismo!"

Porém, como bem assinala Howard Becker (1966), a acusação de desvio é fruto de um processo de interação entre acusadores e acusados. Sendo assim, a mesma acusação de bandido, criminoso, perigoso pode ser feita a Marighella pelo fato de ter entrado em um cinema cheio de crianças, colocando suas vidas em risco. Marighella parece tentar se defender das possíveis acusações que poderia sofrer.

"Quanto a mim, que não sou criminoso, não ando armado nem portava arma alguma quando sofri a brutal agressão dos agentes do DOPS, qual a justificativa para ser baleado no cinema? Só fui ao Eskye-Tijuca obrigado pela polícia da Guanabara. Entrei no cinema porque, tendo o DOPS no meu encalço, preferi despistar utilizando este recurso. Que mal há nisto?"

Marighella acusa o policial que apontou a arma de fogo para o seu peito de irresponsável. Mas fica a pergunta: Marighella teve uma atitude heroica ou imprudente ao gritar, tendo a arma apontada contra o seu peito, no meio do cinema: "Matem, bandidos. Abaixo a ditadura militar fascista! Viva a democracia! Viva o Partido Comunista!" Depois do grito, o policial atirou. Mesmo sendo violentamente espancado, sangrando muito, Marighella continuou resistindo, dando socos e pontapés nos três ou quatro policiais que tentavam dominá-lo.

"Minha decisão era continuar protestando ainda que esta atitude importasse em minha morte. Bandidos! Algozes! Carrascos! Monstros! Mas não calaram minha voz."

Em 1965, Marighella apontou a Revolução Cubana como um exemplo de que nada se podia esperar de um caminho pacífico para o socialismo. No ano seguinte, escreveu um ensaio em que afirmava que a ditadura brasileira só seria extinta pela força e apontava a luta de guerrilhas como uma das formas de resistência das massas. A ruptura definitiva com o Partido Comunista veio após uma viagem a Cuba. Marighella foi participar da I Conferência da Organização Latino-Americana de Solidariedade (OLAS), de 31 de julho a 10 de agosto de 1967, em que pronunciou um discurso afirmando que a vanguarda revolucionária devia preparar o povo para a luta armada. Marighella passou a ser um fervoroso defensor da luta de guerrilhas.

"O clima em Havana era de euforia perante a iminente derrota das tropas norte-americanas no Vietnã e a ascensão dos movimentos guerrilheiros na América Latina (Che Guevara organizava as guerrilhas em pleno coração da América do Sul, na Bolívia). Criar um, dois, três Vietnãs! era a palavra de ordem mais repetida na OLAS. Marighella deixa-se empolgar pela ideia de iniciar imediatamente a revolução no Brasil. Finda a OLAS, Marighella permanece em Havana e, a 8 de outubro de 1967, comunga a profunda tristeza do povo cubano pela morte de Ernesto Che Guevara, em pleno combate, nas matas da Bolívia" (Betto, 1991).

Expulso do PCB, Marighella formou, com ex-membros do partido, o Agrupamento Comunista de São Paulo. Em 1968, após entrar em contato com comunistas descontentes de várias regiões do país, criou a Aliança Libertadora Nacional (ALN), que deflagrou a guerrilha urbana com uma série de assaltos a bancos para conseguir fundos.

"Conhecida por suas sucessivas ações armadas e por ser comandada pelo mais notório revolucionário brasileiro, a ALN reunia sobretudo jovens oriundos da pequena burguesia, despertados politicamente pelo movimento estudantil" (Betto, 1991).

Dois Carlos, dois guerrilheiros

"Para o Exército e a polícia, Carlos Lamarca não é mais que uma peça na engrenagem da subversão – complicado quebra-cabeça em que todas as peças vão dar num nome: Carlos Marighella, ex-deputado comunista, o chefe político e ativista que assinou a Carta de Havana e proclamou a luta armada como o caminho para chegar ao poder. Isto não quer dizer que Lamarca seja homem de Marighella, mas, simplesmente, que ele e o seu grupo servem aos propósitos do ex-deputado e o têm como seu líder natural" (*Veja*, 21/5/1969).

Ao analisar a trajetória de Mozart, Norbert Elias (1994) tomou como objeto de comparação a vida de Beethoven. Inspirado no autor, José Sérgio Leite Lopes (1992) analisou a trajetória de Garrincha em contraste com a de Pelé. Fiz o mesmo em minha tese de doutorado sobre a construção do mito Leila Diniz, comparando sua trajetória artística com a de Cacilda Becker.

No material aqui analisado é possível observar que a identidade de Carlos Marighella é construída em contraste com a de Carlos Lamarca, que aparece, até os dias de hoje, como o grande líder da guerrilha rural brasileira. Tão perigoso e perseguido quanto Carlos Marighella, ele é visto pela mídia da época como um terrorista com menos experiência e habilidade política e menor capacidade de liderança.

Filho de carpinteiro, Carlos Lamarca nasceu no Rio de Janeiro, no dia 23 de outubro de 1937. Após completar o ginásio, ingressou na Escola Preparatória de Cadetes, em Porto Alegre, e em 1957 transferiu-se para a Academia Militar das Agulhas Negras, em Resende (RJ). Em 1962, foi convocado para servir no contingente brasileiro das forças de paz da Organização das Nações Unidas, que ocuparam a região de Gaza em consequência do conflito egípcio-israelense. Lá permaneceu 18 meses, retornando em 1963. Em dezembro do mesmo ano, foi promovido a primeiro-tenente e incorporado à 6ª Companhia de Polícia do Exército, em Porto Alegre. Servia nessa unidade quando o movimento militar de março de 1964 provocou a deposição do presidente João Goulart. Interessado pelo marxismo desde 1957, Lamarca passou a distribuir clandestinamente panfletos políticos nos quartéis onde servia. Em 1968, fez os primeiros contatos com facções de esquerda que defendiam a luta armada contra o regime, como a Ação Libertadora Nacional (ALN) e a Vanguarda Popular Revolucionária (VPR). No dia 25 de janeiro de 1969, Lamarca fugiu do 4º Regimento de Infantaria, levando 63 fuzis, dez metralhadoras e munição.

Em abril de 1969, Lamarca conheceu Iara Iavelberg, integrante da VPR, que se tornou sua companheira.

De agosto a outubro de 1969, realizou-se um congresso clandestino da Vanguarda Armada Revolucionária – Palmares (VAR-Palmares), organização nascida da fusão da VPR com o Comando de Libertação Nacional (Colina) e outros grupos de menor expressão. No encontro, foram discutidas as divergências dessas facções sobre o encaminhamento da luta armada e Lamarca destacou-se pela defesa de um foco guerrilheiro no campo, posição que provocou a cisão conhecida como "racha dos sete". O grupo divergente reconstruiu a VPR e Lamarca passou a liderar essa organização. No dia 7 de dezembro de 1969, Lamarca comandou no Rio de Janeiro o sequestro do embaixador suíço no Brasil. Como resultado das negociações com o governo, partiram rumo ao Chile 70 presos políticos brasileiros, trocados pelo embaixador. Em maio de 1971, Lamarca deixou a VPR e se filiou, junto com Iara, ao Movimento Revolucionário 8 de Outubro (MR-8), grupo de esquerda de origem universitária.

Em uma operação de busca a Lamarca, as forças policiais e militares de segurança cercaram o local onde Iara se encontrava, em Salvador. A versão oficial é a de que, para não ser presa, ela se suicidou, no dia 20 de agosto de 1971. No dia 17 de setembro de 1971, Lamarca foi encontrado e morto a tiros por uma patrulha de busca, no município de Ipupiara, na Bahia.

Os dois principais dirigentes guerrilheiros do Brasil foram assassinados. Marighella em 1969 e Lamarca em 1971. Um defendia a guerrilha urbana, o outro, a guerrilha rural. Um era um experiente político, que tinha sido constituinte. O outro era um capitão do exército, exímio atirador. Em 1969, Marighella tinha 58 anos, Lamarca, 32. Marighella era baiano; Lamarca, carioca. Muitas eram as diferenças entre as duas maiores lideranças da guerrilha no Brasil. No entanto, destaco o fato de a imagem de Lamarca ser sempre lembrada associada à de sua companheira, Iara. Já no material analisado sobre a vida e morte de Marighella, sua companheira é praticamente invisível.

Utilizei a ideia de invisibilidade para analisar a trajetória de mulheres militantes de grupos de esquerda, como Iara Iavelberg, companheira de Carlos Lamarca, e Clara Charf, companheira de Carlos Marighella desde o início da década de 1950 até a sua morte. Esta ideia surge a partir da constatação de que a maior parte das militantes ocupou uma posição percebida como inferior ou secundária nas organizações, escondidas sob o rótulo de "companheira de" ou "mulher de", sendo seus parceiros aqueles que ocuparam posições dominantes nestes organismos. As mulheres aparecem como coadjuvantes de seus companheiros.

Olga Benário e Iara Iavelberg fugiram deste papel secundário e se tornaram também figuras conhecidas na luta política em nosso país, construindo um nome reconhecido mais amplamente. É interessante chamar atenção para a militância de mulheres judias neste período, como Clara Charf, Olga Benário e Iara Iavelberg. Em um país em que este segmento é minoritário, é instigante pensar por que tantas se destacaram.

O comportamento de Iara foi percebido como desviante pelos integrantes de sua organização, por ser extremamente feminina, extravagante e vaidosa, e por ter se tornado amante de Lamarca, que era casado com Maria Pavan Lamarca, com quem tinha dois filhos. Um trecho do livro *Lamarca, o capitão da guerrilha* é interessante para perceber a construção da imagem de Iara:

"Ela era muito bonita, loira, alta, olhos claros, um sorriso aberto, via-se que cuidava bem do corpo, tinha vaidade – muito diferente das outras mulheres da organização. Desde que rompera o casamento, Iara tivera somente transas rápidas, nada estável. Agredia os valores da organização. Não se enquadrava exatamente no que chamavam de 'moral proletária'. Sexualmente continuava independente, não pedia licença a ninguém para amar. Dentro da VPR era uma mulher 'comentada', vaidosa e transeira, segundo os ortodoxos padrões morais predominantes. Para Lamarca, foi muito difícil assumir essa relação. Não seria sacanagem? Mandar a Maria para longe e depois arranjar outra... Mas com Iara foi diferente. Muito diferente de Maria Pavan, um amor quase fraternal, como que uma irmã de criação. Iara não, era uma mulher ousada, atraente e com uma profunda formação teórica e política. Mais tarde enfrentariam ainda outro problema: a moral da Organização. Quando se apaixonaram muita gente chiou. A repressão logo saberia e, além de 'traidor do Exército', Lamarca passaria a ter 'amantes'. Isso poderia não ser bom para a imagem de um dos principais nomes da esquerda brasileira."

Ao viver um relacionamento com uma mulher como Iara, Lamarca passou a ser conhecido, principalmente pelos que não viveram os anos da ditadura militar, de uma forma mais romântica do que Carlos Marighella. A paixão por Iara humaniza o guerrilheiro, mostrando os conflitos e os preconceitos vividos no interior da militância política.

De acordo com Bourdieu (1988), não se pode pensar em um estilo de vida se não em relação a todos os outros, como distância, oposição, negação ou impossibilidade. As preferências, segundo o autor, são afirmações de uma arte de viver que implicam recusas a outras. Ao ingressarem na vida política, as mulheres militantes recusaram a vida comum à maioria das mulheres de sua geração. Fizeram uma opção totalmente extraordinária para a época, uma opção desviante. A diferença está no fato de que Iara foi duplamente desviante: tanto nas organizações de esquerda, em que as mulheres se tornavam invisíveis, exercendo papéis secundários, quanto em relação às não militantes. Rompeu com as convenções não só de fora, mas também de dentro do campo político. Não seguiu o estilo de vida das mulheres de sua época, nem se encaixou em um padrão feminino de militância, mais discreto e invisível.

Na imagem pública de Carlos Marighella, a dimensão da vida pessoal não aparece. Cumpre assim o paradigma do militante ideal, abnegado, que se forja na luta e tem interesses somente na esfera política. Já Lamarca aparece como o herói romântico, que tem em Iara uma parceira de lutas, de afeto e de sexo. É alguém que se dedica à vida pessoal e amorosa, não apenas à luta política.

As diferentes versões sobre a morte de Carlos Marighella

"Na noite de 4 de novembro de 1969, na Alameda Casa Branca, em São Paulo, Carlos Marighella foi morto por uma equipe policial comandada pelo delegado Sérgio Fleury. Além de Marighella, que não chegou a sacar sua arma, duas pessoas foram mortas na fuzilaria. Segundo a versão oficial, a armadilha tornou-se possível a partir da prisão, no início do mês de novembro, de 23 militantes e simpatizantes da ALN, inclusive dois frades dominicanos que conduziram a polícia até o local onde encontrariam o líder da organização. Desencadeou-se então intensa campanha pela imprensa contra essa ordem religiosa, visando em particular Carlos Alberto Libânio Cristo, conhecido como Frei Betto. Entretanto, a infiltração de policiais na ALN parece ter sido a causa principal da prisão, morte ou exílio da maior parte dos integrantes da Organização" (*Dicionário histórico-biográfico brasileiro*).

O sequestro do embaixador norte-americano, que não teve a participação de Carlos Marighella, em 4 de setembro de 1969, desencadeou uma verdadeira ofensiva contra os grupos guerrilheiros. Marighella passou a ser considerado, pelos órgãos da repressão policial, "o inimigo público número 1".

"Marighella está em São Paulo, na capital, dentro de um círculo de investigações que se fecha gradativamente. Com todas as saídas para Minas, Rio, Paraná, litoral e oeste paulistas vigiadas, Marighella estaria sem chance de escapar. Espera-se mesmo que ele tente uma fuga heroica e não se acredita que ele venha a ser preso com vida" (*Veja*, 22/10/1969).

Algumas matérias relatam um telefonema para os frades, no dia 4 de novembro, às 16h30, quando o encontro na Alameda Casa Branca, na cidade de São Paulo, foi marcado. Frei Fernando teria recebido a seguinte mensagem de Marighella: "É da parte do Ernesto. Hoje ele irá à gráfica às 20 horas e 30 minutos."

Segundo a versão da revista *Veja* (12/11/1969), Marighella chegou em uma *pick-up*, desceu dela e, sozinho, subiu a rua a pé, até o local de encontro com os dois dominicanos. Chegou "confiante porque desconhecia as 23 prisões feitas em São Paulo e no Rio de Janeiro quatro dias antes". A revista afirma que a morte do "líder maior do terrorismo acabou com o mito de que os generais do terror eram perfeitos estrategistas, com a fama dos terroristas de serem homens dotados de astúcia e sangue-frio fora do comum, pondo por terra a impressão de uma estrutura sólida e imbatível da subversão". A revista registra o depoimento de um dos investigadores que diz: "O homem foi muito folgado. Marcar encontro quase no centro de São Paulo foi demais." Assim, a matéria passa, ao mesmo tempo, uma imagem de ousadia e de imprudência.

O *Estado de S. Paulo* (6/11/1969) diz que o trecho da Alameda Casa Branca "deve ter sido cuidadosamente escolhido pelos terroristas", por ter muitos prédios em construção ou casas desocupadas. Menciona ainda que "pelo menos uma centena de policiais – entre agentes do DOPS, da Polícia Federal, da Operação Bandeirante, da Força Pública, da Guarda Civil, da Polícia Civil, todos armados com metralhadoras, rifles ou revólveres", estavam envolvidos no cerco a Marighella. A *Veja* menciona quarenta policiais.

"Surpreendido numa armadilha, cercado por quase quarenta policiais, Marighella não se rendeu. E foi aniquilado. Ele nem chegou a pegar sua arma. O tiroteio de cinco minutos foi travado entre os policiais e cerca de treze homens que compunham o esquema de segurança de Marighella. Marighella correu, o ex-Frei Ivo, sentado à direção, abriu-lhe a porta direita e o tiroteio começou. Ivo saiu pela porta esquerda, braços levantados, os homens de segurança de Marighella responderam ao fogo enquanto fugiam: Frei Fernando deitou-se no banco traseiro. Cinco minutos depois tudo acabado" (*Veja*, 12/11/1969).

O *Estado de S. Paulo* (5/11/1969) afirma que "o chefe do terrorismo brasileiro, o homem mais procurado do Brasil há um ano, o líder da subversão reage à bala e foi morto". O jornal diz que Frei Ivo e Frei Fernando, "quando veio a ordem de prisão, saíram do carro com as mãos sobre a cabeça, mas ainda tentaram fugir. Só não o conseguiram porque foram atacados por dois cães pastores-alemães que os imobilizaram contra uma parede". No dia seguinte, o mesmo jornal diz que Marighella chegou ao local a pé e entrou no Fusca para se proteger dos tiros de metralhadoras. Os dois religiosos saíram do carro e deitaram-se no chão, conforme recomendações anteriores dos agentes policiais.

O *Jornal do Brasil* (5/11/1969) afirma que o chefe terrorista foi morto pela polícia com uma rajada de metralhadora, que o atingiu no peito e na cabeça "enquanto seus dois companheiros reagiram a tiros, matando a investigadora Estela de Barros Borges, que participava da operação". O jornal diz que os dois padres "se dispuseram a colaborar com a polícia na prisão e agacharam-se na parte de trás do Volkswagen quando o terrorista foi atingido pela rajada de metralhadora".

A *Folha de S. Paulo* afirma que com a morte de Marighella o terrorismo estaria em franca retirada, e a maioria de seus membros de primeira linha, em fuga para o exterior.

"A ordem de ataque foi dada quando Marighella sentou-se no banco traseiro. O carro foi rodeado e dada a ordem de rendição. Os dois padres jogaram-se no chão conforme determinação anterior. Marighella, chamado pelo próprio nome, não levantou o braço, não falou em rendição e procurou abrir sua pasta, onde se encontrava um revólver Taurus calibre 32. Quase que simultaneamente verificaram-se tiroteios nas duas esquinas. Na parte de cima, a cobertura de Marighella, que estava a pé, saltou muros e seus componentes fugiram. É de se salientar que essa fuga foi facilitada porque a preocupação geral dos policiais era única e exclusivamente a pessoa de Marighella" (*Folha de S. Paulo*, 6/11/1969).

Os dois frades são descritos como "iscas", que levaram vários companheiros de subversão à cadeia, fazendo com que

Marighella caísse na armadilha e fosse morto pela polícia. Um comunicado da Secretaria de Segurança Pública de São Paulo foi publicado em vários jornais brasileiros no dia 11 de dezembro de 1969, dizendo que "ambos os religiosos foram minuciosamente instruídos de como se portar em caso de tiroteio e seguiram à risca os ensinamentos recebidos, saindo incólumes da refrega em que perderam a vida três pessoas".

Um depoimento escrito por Yves do Amaral Lesbaupin, Frei Ivo, de 9 de março de 1996, para a Comissão Especial dos Desaparecidos Políticos, desmente as versões dos jornais e revistas:

> "Fui preso no dia 2 de novembro de 1969, juntamente com Frei Fernando de Brito. Fomos presos pela equipe do delegado Sérgio Paranhos Fleury, levados para o Cenimar, onde fomos interrogados sob tortura. No dia 4 de novembro, Frei Fernando e eu fomos levados pelos policiais à Alameda Casa Branca, colocados dentro de um carro tipo 'Fusca'. Algum tempo depois, vi quando Carlos Marighella veio se aproximando de nosso carro vindo do outro lado da rua, sozinho. Fomos retirados do carro por policiais e jogados ao chão, e os policiais abriram fogo sobre Marighella. Ele não teve tempo de reagir: ao final da fuzilaria estava morto."

Frei Betto conta, em seu livro, que Carlos Marighella foi morto do outro lado da rua e não dentro do Fusca. Acredita que a polícia colocou seu corpo dentro do carro com o objetivo de reforçar a versão de anuência dos religiosos com a cilada policial.

Apesar da euforia dos policiais com o sucesso da "caçada vitoriosa" e com a certeza de que todos seriam promovidos "por demonstrarem alto espírito cívico e por ato de bravura" ao enfrentarem risco de vida, um dos investigadores declarou que achava errado terem matado Marighella: "Estava tudo pronto para pegar o homem vivo. Mas a turma do Fleury se precipitou."

Morrer numa emboscada por negligência, imprudência, imperícia, falha, coloca Marighella na condição de responsável pela própria morte, enquanto que mostrá-lo como alguém que foi enganado, que resistiu até o último instante, reforça a imagem de corajoso. A presença de tantas versões revela as diferentes representações sobre Marighella e, também, sobre os dois religiosos, que ora são mostrados como traidores e cúmplices da polícia, ora como vítimas da tortura.

José Carlos Rodrigues (1983) faz uma interessante distinção entre a "morte morrida" e a "morte matada". A primeira, também chamada de "morte natural" ou "morrer de velhice", significa que o indivíduo morreu por razões ligadas ao próprio funcionamento do organismo. Já a segunda, a "morte matada", inclui todos os eventos de morte para os quais se poderia apontar um responsável: acidentes, assassinatos, suicídios etc. Os assassinatos, como o de Marighella, são inquietantes e ameaçadores porque revelam a precariedade da condição humana. Como lembra Rodrigues, certos mortos privilegiados não são facilmente esquecidos e, às vezes, são transformados em heróis ou santos. No caso estudado, em "herói" ou "bandido".

Carlos Marighella: bandido ou herói?

"Um homem não desaparece com a sua morte. Ao contrário, pode crescer depois dela, engrandecer-se com ela e revelar sua verdadeira estátua a distância. É o que sucede com Marighella. Ele morreu consagrado pela coragem indômita e pelo ardor revolucionário. Os carrascos trabalharam contra si próprios; ao martirizá-lo, forjaram o pedestal de uma glória eterna". (Florestan Fernandes, "Carlos Marighella, a chama que não se apaga", *Folha de S. Paulo*, 12/11/1984).

As autoridades policiais e militares da época retratam Carlos Marighella como um perigoso bandido, assaltante, sequestrador, terrorista e assassino. Quase todas as matérias, aqui analisadas, parecem consolidar essa imagem.

Um dos traços mais marcantes das versões da imprensa sobre sua morte é o fato de usarem o adjetivo terrorista para qualificá-lo em vez de guerrilheiro. Basta consultar o dicionário para verificar que o peso dos dois adjetivos é muito diferente. Guerrilheiro é sinônimo de quem combate na guerrilha, "luta armada realizada por meio de pequenos grupos constituídos irregularmente, sem obediência às normas estabelecidas nas convenções internacionais, e que, com extrema mobilidade e grande capacidade de atacar de surpresa, visa o crescimento progressivo das próprias forças mediante a incorporação de novos combatentes e a abertura de novas frentes guerrilheiras, até que se possam travar com êxito combates diretos contra as tropas regulares inimigas". Terrorista é aquele que é partidário do terrorismo, "modo de coagir, ameaçar ou influenciar outras pessoas, de impor-lhes a vontade pelo uso sistemático do terror; forma de ação política que combate o poder estabelecido mediante o emprego da violência".

Não parece nada ingênua a aplicação sistemática do adjetivo terrorista para qualificar Carlos Marighella. Ao utilizá-lo, junto a descrições de suas atividades, a imprensa cria um personagem que está bastante próximo de um bandido, um assaltante, um assassino. Assim, por exemplo, temos o depoimento de um delegado do DOPS que diz:

> "A tática usada no cerco de Marighella foi a mesma empregada normalmente na captura de marginais. Quando a gente prende um malandro, ladrão ou assassino, enfim um bandido, e a gente sabe que ele tem um companheiro, obrigamos o preso a nos levar até o barraco onde o outro mora" (*Veja*, 12/11/1969).

Ao lado desta imagem de bandido surge, na mesma matéria, outra imagem de Carlos Marighella. Enaltecendo sua coragem e valentia, mostra o herói que deu a vida pela luta pelo comunismo. Reconta fatos da trajetória do "líder maior do terrorismo" que combinam muito mais com a imagem de um herói do que com a de um bandido.

"Marighella foi, antes de tudo, um valente. Já em 1936, afirmava o delegado Romano, diretor do DOPS carioca: 'Só existe um macho no Partido Comunista: é esse baiano Marighella.' Todos, policiais e ex-companheiros, concordam: no Estado Novo, as solas de seus pés foram queimadas com maçarico; finos estiletes foram enfiados sob suas unhas, para separá-las da pele; alguns de seus dentes foram arrancados à força. E Marighella nunca abriu a boca" (*Veja*, 12/11/1969).

Essa mesma matéria mostra Carlos Marighella, "um mulato de olhos verdes", como um enigma que vacila "entre a poesia e a violência, entre o amor à causa e o fanatismo, entre a valentia e a rudeza". Um trecho de um de seus poemas, *Liberdade*, escrito na década de 1930, é citado como retrato de sua vida: "Que eu por ti, se torturado for/ possa feliz, indiferente à dor/ morrer sorrindo a murmurar teu nome."

É interessante perceber como a imprensa, que parece estar preocupada em construir e consolidar a imagem oficial de Carlos Marighella como um perigoso terrorista, reforça, simultaneamente, a sua reputação de corajoso, ousado, destemido, valente, resistente à tortura, experiente, hábil articulador político, mais importante líder da esquerda brasileira.

O *Estado de S. Paulo* (6/11/1969) diz que, após a morte de Marighella, muitos curiosos queriam ver o corpo. "Todos queriam ver Marighella morto. E muitos diziam que, finalmente, o povo poderia dormir sossegado porque o terrorismo morria com seu líder maior."

A *Veja* pergunta: "Agora, quem tem condições para substituir Carlos Marighella e tentar o que ele não conseguiu – a união das várias facções?" A revista afirma que o "líder mais importante do terrorismo era o único que reunia qualidades indispensáveis para comandar a subversão violenta. Tinha longa experiência de luta clandestina, possuía habilidade política e era um homem de ação, que inspirava confiança em seus comandados". Agentes do DOPS de Minas, na mesma matéria, acreditam que a "subversão perdeu sua liderança consciente e passará a agir isoladamente, sem o comando de um homem tarimbado e experiente na luta clandestina".

Outro exemplo é o da *Veja*, que traz na capa a foto de Carlos Marighella quando saiu da prisão depois de ter sido preso no cinema da Tijuca, em 1964. A fotografia de Marighella sem camisa, magro e apontando o lugar da bala, no peito, tem os dizeres:

> PROCURA-SE
> Marighella
> chefe comunista – crítico de futebol em Copacabana
> fã de cantadores de feira – assaltante de bancos
> guerrilheiro – grande apreciador de batidas de limão

No interior da revista, o título da matéria: "A caçada", é seguido de "O General França comanda milhares de policiais que em todo o país estão à procura do líder comunista Marighella". Ao lado do apreciador de futebol e de batida de limão, aparece "o chefe nacional de uma organização subversiva que anda assaltando bancos". A matéria registra que mais de dois mil policiais estão "à caça de ladrões subversivos". A revista pergunta o que o terrorista irá fazer com o dinheiro dos assaltos e atribui diferentes adjetivos a Carlos Marighella, que tanto pode ser "um Dom Quixote, combativo, mulato atrevido, bom orador, obstinado, muito corajoso, cordial, aluno brilhante, patriota", quanto um "stalinista brasileiro, perigoso subversivo, frio, duro, mentor ideológico do terror de esquerda".

"Carlos Marighella tornou-se um nome nacional em apenas um ano e hoje é o líder mais importante das pouco importantes esquerdas clandestinas, a ponto de todas as polícias federais e estaduais estarem a sua procura. Até agosto do ano passado, quando rompeu com a direção de Prestes e foi a Havana, Marighella, embora tivesse trinta anos de militância comunista, sempre procurava aparecer bem menos que os grandes nomes do Partido, como um dirigente discreto e eficiente. De lá para cá, Marighella ficou falado – embora apenas nos meios reduzidos e superdivididos das esquerdas comunistas. A caçada policial vem dar ao antigo deputado federal e ao homem três vezes ferido no peito ao ser preso num cinema da Tijuca em abril de 1964 – foi solto dois meses depois – o prestígio que trinta anos de trabalho político nas fábricas e nos campos nunca lhe deram" (*Veja*, 20/10/1968).

O mais interessante nesta matéria é o fato de a revista destacar que o próprio regime militar contribuiu para construir e consolidar o nome de Carlos Marighella. De acordo com Pierre Bourdieu (1988), ter nome, prestígio, reputação ou fama é um "capital simbólico", ganho que um indivíduo obtém ao ser conhecido e reconhecido. A reputação de Marighella, segundo a revista, aumentou muito com a "caçada policial" realizada por milhares de policiais, que visavam prendê-lo ou eliminá-lo. Um único homem sendo caçado por milhares de homens armados demonstra o perigo e a importância do terrorista.

A construção da imagem ambígua de Carlos Marighella, como bandido/herói, pode servir para pensar a construção de outras imagens, como, por exemplo, a do traficante que se torna famoso ao ser mostrado como temido não apenas pelo cidadão normal, mas pelas mais altas autoridades do Estado, que se declaram publicamente frágeis e incompetentes para combatê-lo (mesmo quando ele está dentro de uma prisão) ou do governante que se torna mundialmente conhecido como "tirano sanguinário" e, paradoxalmente, "heroico guardião de uma cultura contra a invasão do imperialismo". Assim, determinados indivíduos passam a deter um significativo "poder simbólico" (Bourdieu, 1989) que parece ser bastante superior ao seu efetivo poder individual na sociedade.

Os adjetivos utilizados pela mídia para estes personagens, nos dias de hoje, não são muito diferentes dos que foram utilizados para caracterizar Carlos Marighella nos anos 1960, como "inimigo público número 1", "bandido", "terrorista", "assassino", "marginal", "perigoso", "criminoso", "frio", "cruel", "torturador", "monstro", "déspota", "ditador", entre outros. Esta imagem, no entanto, constrói-se associada a símbolos de poder, força, riqueza, sucesso, inteligência, estratégia, comando, liderança, idealismo, carisma.

A mídia teve e tem um papel fundamental na construção e consolidação do nome desses bandidos/heróis, favorecendo o acúmulo de "capital simbólico", e, intencionalmente ou não, transformando indivíduos singulares em personagens míticos de nossa história recente.

Referências bibliográficas

ABREU, Alzira Alves. *Guerrilha: fácil de entrar, difícil de sair.* Trabalho apresentado no XVIII Encontro Anual da ANPOCS. Caxambu, 1994.

——. Os anos de chumbo: memórias da guerrilha. In: *Entrevistas: abordagens e usos da história oral.* Rio de Janeiro: FGV, 1994.

ABREU FILHO, Ovídio. *Raça, sangue e luta.* Rio de Janeiro: Dissertação de mestrado, Programa de Pós-graduação em Antropologia Social/Museu Nacional/Universidade Federal do Rio de Janeiro, 1980.

ARAGÃO, Luiz Tarley. Em nome da mãe. In: *Perspectivas antropológicas da mulher (3).* Rio de Janeiro: Zahar, 1983.

BARASCH, Mara. Sexo e afeto no cotidiano do homem. In: *Homens.* São Paulo: SENAC, 1997.

BECK, Ulrich. *Risk society: towards a new modernity.* Londres: Sage Publications, 1996.

BECKER, Howard. *Outsiders: studies in the sociology of deviance.* Nova York: The Free Press, 1966.

——. *Uma teoria da ação coletiva.* Rio de Janeiro: Zahar, 1977.

BÉJIN, André. O casamento extraconjugal nos dias de hoje. In: *Sexualidades ocidentais.* São Paulo: Brasiliense, 1987.

BERQUÓ, Elza. A família no século XXI. *Revista Ciência Hoje (58),* 1989.

BETTO, Frei. *Batismo de sangue: os dominicanos e a morte de Carlos Marighella.* Rio de Janeiro: Bertrand Brasil, 1991.

BOURDIEU, Pierre. *Questões de sociologia.* Rio de Janeiro: Marco Zero, 1983.

——. *La distinctión*. Madri: Taurus, 1988.

——. *O poder simbólico*. Lisboa: Difel, 1989.

——. A ilusão biográfica. In: *Usos e abusos da história oral*. Rio de Janeiro: FGV, 1996.

——. *A dominação masculina*. Rio de Janeiro: Bertrand Brasil, 1999.

BRASIL: NUNCA MAIS. Petrópolis: Vozes, 1985.

BURKE, Peter. *A fabricação do rei: a construção da imagem pública de Luís XIV*. Rio de Janeiro: Zahar, 1994.

CASTELLS, Manuel. *O poder da identidade*. São Paulo: Paz e Terra, 1999.

COSTA, Albertina de Oliveira e outros. *Memórias das mulheres do exílio*. Rio de Janeiro: Paz e Terra, 1980.

COSTA, Jurandir Freire. *Sem fraude, nem favor: estudos sobre o amor romântico*. Rio de Janeiro: Rocco, 1998.

COSTA, Maria Cecília. *Os "filhos do coração": adoção em camadas médias brasileiras*. Rio de Janeiro: Tese de doutorado, Programa de Pós-graduação em Antropologia Social/ Museu Nacional/Universidade Federal do Rio de Janeiro, 1988.

COSTA, Moacir. Sexualidade. In: *Macho, masculino, homem*. Porto Alegre: L&PM, 1986.

DAMATTA, Roberto. O ofício de etnólogo, ou como ter 'anthropological blues'. In: *A aventura sociológica*. Rio de Janeiro: Zahar, 1978.

——. *Carnavais, malandros e heróis: para uma sociologia do dilema brasileiro*. Rio de Janeiro: Zahar, 1983.

——. Tem pente aí? Reflexões sobre a identidade masculina. In: *Homens*. São Paulo: SENAC, 1997.

DICIONÁRIO HISTÓRICO-BIOGRÁFICO BRASILEIRO: 1930-1983. Rio de Janeiro: Ed. Forense/FGV/CPDOC, 1984.

DOUGLAS, Mary. *Pureza e perigo*. São Paulo: Perspectiva, 1976.

DUBY, Georges. *Guilherme Marechal: ou o melhor cavaleiro do mundo*. Rio de Janeiro: Graal, 1987.

DUMONT, Louis. *Homo Hierarchicus: o sistema de castas e suas implicações*. São Paulo: EDUSP, 1992.

DURHAM, Eunice. Família e reprodução humana. In: *Perspectivas antropológicas da mulher (3)*. Rio de Janeiro: Zahar, 1983.

ELIAS, Norbert. *Mozart: sociologia de um gênio*. Rio de Janeiro: Zahar, 1994.

EDMONDS, Alexander. No universo da beleza: notas de campo sobre cirurgia plástica no Rio de Janeiro. In: *Nu & vestido: dez antropólogos revelam a cultura do corpo carioca*. Rio de Janeiro: Record, 2002.

FIGUEIRA, Sérvulo. O "moderno" e o "arcaico" na nova família brasileira: notas sobre a dimensão invisível da mudança social. In: *Uma nova família? O moderno e o arcaico na família de classe média brasileira*. Rio de Janeiro: Zahar, 1987.

FOUCAULT, Michel. *História da sexualidade: a vontade de saber*. Rio de Janeiro: Graal, 1988.

FREYRE, Gilberto. *Modos de homem, modas de mulher*. Rio de Janeiro: Record, 1997.

FRY, Peter & MACRAE, Edward. *O que é homossexualidade*. São Paulo: Brasiliense, 1983.

GOFFMAN, Erving. *Estigma: notas sobre a manipulação de identidade deteriorada*. Rio de Janeiro: Zahar, 1975.

GOLDANI, Ana Maria. Retratos de família em tempos de crise. *Estudos Feministas*, 2: 303-35. Rio de Janeiro: CIEC/ECO/UFRJ, 1994.

GOLDENBERG, Mirian. *A arte de pesquisar*. Rio de Janeiro: Record, 1997.

——. *Os novos desejos*. Rio de Janeiro: Record, 2000.

——. *Nu & vestido: dez antropólogos revelam a cultura do corpo carioca*. Rio de Janeiro: Record, 2002.

——. *Infiel*. Rio de Janeiro: Record, 2006.

——. *Toda mulher é meio Leila Diniz*. Rio de Janeiro: BestBolso, 2008.

——. *A Outra*. Rio de Janeiro: BestBolso, 2009.
——. *Por que homens e mulheres traem?* Rio de Janeiro: BestBolso, 2010.
JOSÉ, Emiliano & MIRANDA, Oldack. *Lamarca: o capitão da guerrilha*. São Paulo: Global Editora, 1980.
KIMMEL, Michael. A produção simultânea de masculinidades hegemônicas e subalternas. *Horizontes antropológicos 9 (4)*: 103-7, 1998.
LASCH, Christopher. *Refúgio num mundo sem coração: a família – santuário ou instituição sitiada?* Rio de Janeiro: Paz e Terra, 1991.
LOPES, José Sérgio Leite & MARESCA, Sylvain. A morte da "alegria do povo". *RBCS, 20 (7)*: 113-33, ANPOCS-Relume-Dumará, setembro 1992.
MALINOWSKI, Bronislaw. *Um diário no sentido estrito do termo*. Rio de Janeiro: Record, 1997.
MARIGHELLA, Carlos. *Por que resisti à prisão*. São Paulo: Brasiliense, 1994.
——. *Poemas: rondó da liberdade*. São Paulo: Brasiliense, 1994.
MAUSS, Marcel. As técnicas corporais. *Sociologia e antropologia*. São Paulo: EPU/EDUSP, 1974.
MORAIS, Fernando. *Olga*. São Paulo: Companhia das Letras, 1993.
NOGUEIRA, Rose. Revistas masculinas ou de macho. In: *Macho, masculino, homem*. Porto Alegre: L&PM, 1986.
OLIVEIRA, Roberto Cardoso. *Identidade, etnia e estrutura social*. São Paulo: Pioneira, 1976.
PATARRA, Judith Lieblich. *Iara*. Rio de Janeiro: Rosa dos Tempos, 1992.
POLLAK, Michael. Le témoignage. *Actes de la Recherche in Sciences Sociales (62-63)*, 1986.
PRESTES, Maria. *Meu companheiro: 40 anos ao lado de Luiz Carlos Prestes*. Rio de Janeiro: Rocco, 1993.
QUEIROZ, Maria Isaura Pereira. *Variações sobre a técnica do gravador no registro da informação viva*. São Paulo: CERU/USP, 1983.

RODRIGUES, José Carlos. *Tabu do corpo*. Rio de Janeiro: Achiamé, 1979.

——. *Tabu da morte*. Rio de Janeiro: Achiamé, 1983.

SALEM, Tânia. *Sobre o "casal grávido": inscrição em um universo ético*. Rio de Janeiro: Tese de doutorado, Programa de Pós-graduação em Antropologia Social/Museu Nacional/ Universidade Federal do Rio de Janeiro, 1987.

SEGALEN, Martine. *Sociologia da família*. Lisboa: Terramar, 1999.

SHORTER, Edward. *A formação da família moderna*. Lisboa: Terramar, 1975.

SIMMEL, Georg. *Cultura feminina*. Lisboa: Galeria Panorama, 1969.

VAITSMAN, Jeni. *Flexíveis e plurais: identidade, casamento e família em circunstâncias pós-modernas*. Rio de Janeiro: Rocco, 1994.

VALLE, Marisol Rodriguez. *O que mais invejam homens e mulheres*. Trabalho apresentado na Jornada de Iniciação Científica da UFRJ, 2001.

VELHO, Gilberto. *Desvio e divergência*. Rio de Janeiro: Zahar, 1974.

——. Observando o familiar. In: *A aventura sociológica*. Rio de Janeiro: Zahar, 1978.

——. *Individualismo e cultura: notas para uma antropologia da sociedade contemporânea*. Rio de Janeiro: Zahar, 1981.

WACQUANT, Loïc. *Corpo e alma: notas etnográficas de um aprendiz de boxe*. Rio de Janeiro: Relume Dumará, 2002.

WERNER, Ruth. *Olga Benário: a história de uma mulher corajosa*. São Paulo: Alfa-Omega, 1989.

WOLF, Naomi. *O mito da beleza: como as imagens de beleza são usadas contra as mulheres*. Rio de Janeiro: Rocco, 1992.

EDIÇÕES

BestBolso

Este livro foi composto na tipologia Minion Pro, em corpo 10,5/13, e impresso em papel off-set 56g/m² no Sistema Cameron da Divisão Gráfica da Distribuidora Record.